经济管理虚拟仿真实验系列教材

报关与商检模拟实验指导教材

——以步惊云报关报检实务教学系统为例

Baoguan yu Shangjian Moni Shiyan Zhidao Jiaocai

yi Bujingyun Baoguan Baojian Shiwu Jiaoxue Xitong Weili

喻智成　主　编

李　军　李璐璐　副主编

西南财经大学出版社
Southwestern University of Finance & Economics Press
中国·成都

图书在版编目(CIP)数据

报关与商检模拟实验指导教材:以步惊云报关报检实务教学系统为例/
喻智成主编 . 一成都:西南财经大学出版社,2017. 12

ISBN 978 - 7 - 5504 - 3329 - 8

Ⅰ.①报… Ⅱ.①喻… Ⅲ.①进出口贸易—海关手续—中国—高等
学校—教材 Ⅳ.①F752. 5

中国版本图书馆 CIP 数据核字(2017)第 316715 号

报关与商检模拟实验指导教材:以步惊云报关报检实务教学系统为例

主　编:喻智成
副主编:李　军　李璐璐

责任编辑:李特军
助理编辑:袁婷
责任校对:陈何真璐
封面设计:杨红鹰　张姗姗
责任印制:封俊川

出版发行	西南财经大学出版社(四川省成都市光华村街55号)
网　　址	http://www. bookcj. com
电子邮件	bookcj@ foxmail. com
邮政编码	610074
电　　话	028 - 87353785　87352368
照　　排	四川胜翔数码印务设计有限公司
印　　刷	四川五洲彩印有限责任公司
成品尺寸	185mm × 260mm
印　　张	13
字　　数	255 千字
版　　次	2017 年 12 月第 1 版
印　　次	2017 年 12 月第 1 次印刷
印　　数	1—3000 册
书　　号	ISBN 978 - 7 - 5504 - 3329 - 8
定　　价	33.00 元

经济管理虚拟仿真实验教材系列丛书
编 委 会

总序

高等教育的任务是培养具有实践能力和创新创业精神的高素质人才。实践出真知。实践是检验真理的唯一标准。大学生的知识、能力、素养不仅来源于书本理论与老师的言传身教，更来源于实践感悟与经历体验。

随着我国高等教育从精英教育向大众化教育转变，客观上要求高校更加重视培育学生的实践能力和创新创业精神。以往，各高校主要通过让学生到企事业单位和政府机关实习的方式来训练学生的实践能力。但是，随着高校不断扩招，传统的实践教学模式受到学生人数多、岗位少、成本高等因素的影响，越来越无法满足实践教学的需要，学生的实践能力的培养越来越得不到保障。鉴于此，各高校开始探索通过实验教学和校内实训的方式来缓解上述矛盾，而实验教学也逐步成为人才培养中不可替代的途径和手段。目前，大多数高校已经认识到实验教学的重要性，认为理论教学和实验教学是培养学生能力和素质的两种同等重要的手段，二者相辅相成、相得益彰。

相对于理工类实验教学而言，经济管理类实验教学起步较晚，发展相对滞后。在实验课程体系、教学内容（实验项目）、教学方法、教学手段、实验教材等诸多方面，经济管理实验教学都尚在探索之中。要充分发挥实验教学在经济管理类专业人才培养中的作用，需要进一步深化实验教学的改革、创新、研究与实践。

重庆工商大学作为具有鲜明财经特色的高水平多科性大学，高度重视并积极探索经济管理实验教学建设与改革的路径。学校经济管理实验教学中心于 2006 年被评为"重庆市市级实验教学示范中心"，2007 年被确定为"国家级实验教学示范中心建设单位"，2012 年 11 月顺利通过验收，成为"国家级实验教学示范中心"。经过多年的努力，我校经济管理实验教学改革取得了一系列成果，按照能力导向构建了包括学科基础实验课程、专业基础实验课程、专业综合实验课程、学科综合实验（实训）课程和创新创业类课程在内的实验课程体系，真正体现了"实验教学与理论教学并重、实验教学相对独立"的实验教学理念，并且建立了形式多样，以过程为重心、以学生为中心、以能力为本位的实验教学方法体系和考核评价体系。

自 2013 年以来，学校积极落实教育部及重庆市教委建设国家级虚拟仿真实验教学中心的相关文件精神，按照"虚实结合、相互补充、能实不虚"的原则，坚持以能力为导向的人才培养方案制定思路，以"培养学生的分析力、创造力和领导力等创新创业能力"为目标,以"推动信息化条件下自主学习、探究学习、协作学习、创新学习、创业学习等实验教学方法改革"为方向,创造性地构建了"'123456'经济管理虚拟仿真实验教学资源体系",即"一个目标"(培养具有分析力、创造力和领导力,适应经济社会发展需要的经济管理实践与创新创业人才)、"两个课堂"(实体实验课堂和虚拟仿真实验课堂)、"三种类型"(基础型、综合型、创新创业型实验项目)、"四大载体"(学科专业开放实验平台、跨学科综合实训及竞赛平台、创业实战综合经营平台和实验教学研发平台)、"五类资源"(课程、项目、软件、案例、数据)、"六个结合"(虚拟资源与实体资源结合、资源与平台结合、专业资源与创业资源结合、实验教学与科学研究结合、模拟与实战结合、自主研发与合作共建结合)。

为进一步加强实验教学建设,在原有基础上继续展示我校实验教学改革成果,学校经济管理虚拟仿真实验教学指导委员会统筹部署和安排,推进经济管理虚拟仿真实验教学系列教材的撰写和出版工作。本系列教材将在继续体现系统性、综合性、实用性等特点的基础上,积极展示虚拟仿真实验教学的新探索,其所包含的实验项目设计将综合采用虚拟现实、软件模拟、流程仿真、角色扮演、O2O操练等多种手段,为培养具有分析力、创造力和领导力,适应经济社会发展需要的经济管理实践与创新创业人才提供更加"接地气"的丰富的资源和"生于斯、长于斯"的充足的养料。

本系列教材的编写团队具有丰富的实验教学经验和专业实践经历,其中一些作者还是来自相关行业和企业的实务专家。他们勤勉耕耘的治学精神和扎实深厚的执业功底必将为读者带来智慧的火花和思想的启迪。希望读者能够从中受益。在此对编者付出的辛勤劳动表示衷心感谢。

毋庸讳言,编写经济管理类虚拟仿真实验教材是一项具有挑战性的开拓与尝试,加之虚拟仿真实验教学和实践本身还在不断地丰富与发展,因此本系列实验教材必然存在一些不足甚至错误,恳请同行和读者批评指正。我们希望本系列教材能够推动我国经济管理虚拟仿真实验教学的创新发展,能对培养具有实践能力和创新创业精神的高素质人才尽一份绵薄之力!

重庆工商大学校长、教授

2015 年 7 月 30 日

前言

目前，国内大多数院校的国际经济与贸易专业基本上都开设了报关实务课程，但是同时开设报关实务课程与报检实务课程的院校相对较少。有的院校即便开设了上述课程，也大多集中在理论课程，很少开设实务课程。而开设了实务课程的院校，也很少编制报关、报检实务类教材。报关、报检实务实训教学也主要集中在职业院校，普通本科院校在报关与报检实务实训教学工作的开展方面还有待加强。目前很多本科院校都提出了要培养"三型一化"（即复合型、创新型、应用型和国际化）高素质人才，而"三型一化"中就包含了"应用型"。为给国际贸易专业应用型人才的培养提供有力的支撑，报关与报检实务教材的编写势在必行。

重庆工商大学经济学院国际经济与贸易专业 10 年前开设了报关实务课程，又于2012 年开设了进出口报关与商检、报关与商检模拟课程，经历了从只开设报关实务课程到报关与报检实务课程同时开设、从只开设理论课程到理论与实务课程同时开设的过程。经济学院于 2012 年开设了报关与商检模拟课程，使用报关、报检教学软件已有6 年，课程编写组在报关、报检实验项目方面积累了一定的经验。但是，目前该专业的实务课程仍然缺乏实训教材。为此，本课程编写组联合南京步惊云软件有限公司，从2016 年年底开始编写本教材，从报关实务教学系统 110 个实验项目中选取了最具有代表意义的 26 个报关实验项目，又从报检实务教学系统 84 个实验项目中选取了 21 个最具有操作性的报检实验项目。在项目的选取上，出口与进口并重，涉及的产品尽量避免重复，并且较少选择纯粹的制单项目，而更多地侧重从制单到熟悉整个流程的练习。

本教材在编写上简洁明了，每个实验项目只有两个部分：实验要求和操作步骤（制单情况），目的是让使用者更容易操作，同时让教材更适合已开设报关与报检实务课程的院校使用。

本教材由喻智成担任主编，负责总纂及定稿工作，李军和李璐璐担任副主编。本教材在编写过程中得到了国家级实验教学示范中心——重庆工商大学经济管理教学中心以及南京步惊云软件有限公司的大力支持，同时西南财经大学出版社的编辑老师也提出了宝贵的意见，在此一并表示感谢。

　　由于时间仓促，加之编者水平有限，本教材难免存在不足之处，恳请专家、学者批评指正，以便我们改进完善！

编　者

2017 年 12 月

目录

第一部分　报关实验项目篇

第二部分　报检实验项目篇

第一部分
报关实验项目篇

实验项目 1　制单——自动进口许可证申请表

一、实验要求

请根据合同（见图 1-1）和形式发票（见图 1-2）制作自动进口许可证申请表。

SALES CONFIRMATION

卖方:	LEA trading Co., Ltd.	NO.:	CT0000023
Seller:	Avenida Rio Branco, 215 Rio de Janeiro, RJ Brazil	DATE:	2015-07-01
买方:	Shenzhen Yawan Trading Co., Ltd.		
Buyer:	Building 1-3, Fuhua Industrial Zone, Baoan District, Shenzhen, China		

经买卖双方同意成交下列商品，订立条款如下：

This contract is made by and agreed between the BUYER and SELLER, in accordance with the terms and conditions stipulated below.

商品编号 Product No.	名称及规格 Description of goods	数量 Quantity	单价 Unit Price	金额 Amount
			CFR ⌄　Shanghai,China ⌄	
CE-003	Frozen Beef Meat Storage Type: Frozen, Feature: Boneless	20600 BOXES	USD 8.70	USD 179220.00
总值TOTAL:		20600　　BOXES		USD ⌄　179220.00

Say Total(金额大写): SAY USD ONE HUNDRED AND SEVENTY NINE THOUSAND AND TWO HUNDRED AND TWENTY ONLY

Transshipment (转运):

☐ Allowed (允许)　　☑ Not allowed (不允许)

Partial shipments (分批装运):

☐ Allowed (允许)　　☑ Not allowed (不允许)

Port of Shipment (装运港):

Rio De Janeiro,Brazil ⌄

Port of Destination (目的港):

Shanghai,China ⌄

Shipment (装运条款):

Ready shipment ⌄ 　　　　　　　 By sea ⌄

Marks and Numbers (唛头):

N/M

Insurance (保险):

☑ To be covered by the Buyer.

由买方负责。

☐ To be covered by the Seller FOR ⌄ of the invoice value covering

由__按发票金额__投保__。

Terms of payment (付款条件):

100 % by D/D .

___% 以 ___预付，其余 ___% 以 ___支付。

Documents required (单据):

The sellers shall present the following documents required.

卖方应提交下列单据。

☑Full set of clean on Board Ocean Bills of Lading.

整套正本清洁提单。

☐Airway bill/cargo receipt/copy of railway bills.

空运提单或承运收据或铁路联运单。

☑Signed commercial invoice in 3_____ copies.

商业发票一式__份。

☑Packing list/weight memo in 3_____ copies.

装箱单或重量单一式__份。

☐Certificate of Quantity/Weight in _____ copies issued by _____.

由__签发的数量/重量证明书一式__份。

☐Certificate of Quality in _____ copies issued by _____.

由__签发的品质证明书一式__份。

☐Health Certificate in _____ copies issued by _____.

由__签发的健康证明书一式__份。

☐Certificate of phytosanitary in _____ copies issued by _____.

由__签发的植物检疫证明书一式__份。

☑Veterinary (Health) Certificate in 2_____ copies issued by CIQ_____.

由__签发的兽医（卫生）证书一式__份。

☐Sanitary Certificate in _____ copies issued by _____.

由__签发的卫生证书一式__份。

☐Fumigation/Disinfection Certificate in _____ copies issued by _____.

由__签发的熏蒸/消毒证书一式__份。

☐Certificate for CCC in _____ copies.

CCC认证证书一式__份。

☐Insurance policy in _____ copies.

保险单一式__份。

☑Certificate of Origin in 2_____ copies issued by CIQ_____.

由__签发的一般原产地证一式__份。

☐Certificate of Origin Form A in _____ copies issued by _____.

由__签发的普惠制产地证一式__份。

☐ Certificate of Origin Form E in _____ copies issued by _____.

由__签发的中国-东盟自由贸易区优惠原产地证明书一式__份。

☐ Certificate of Origin Form B in _____ copies issued by _____.

由__签发的《亚太贸易协定》优惠原产地证明书一式__份。

Shipping advice (装运通知):

The sellers shall immediately, upon the completion of the loading of the goods, advise the buyers of the Contract No, names of commodity, loaded quantity, invoice values, gross weight, names of vessel and shipment date by TLX/FAX.

一旦装运完毕，卖方应即电告买方合同号、商品号、已装载数量、发票总金额、毛重、运输工具名称及启运日期等。

Inspection and Claims (检验与索赔):

1.　The buyers shall have the qualities, specifications, quantities of the goods carefully inspected by the Inspection Authority, which shall issue Inspection Certificate before shipment.

　　卖方在发货前由检验机构对货物的品质、规格和数量进行检验，并出具检验证明书。

2.　The buyers have right to have the goods inspected by the local commodity inspection authority after the arrival of the goods at the port of destination if the goods are found damaged/short/their specifications and quantities not in compliance with that specified in the contract, the buyers shall lodge claims against the sellers based on the Inspection Certificate issued by the Commodity Inspection Authority within 15 _____ days after the goods arrival at the destination.

　　货物到达目的口岸后，买方可委托当地的商品检验机构对货物进行复检。如果发现货物有损坏、残缺或规格、数量与合同规定不符，买方须于货到目的口岸的__天内凭检验机构出具的检验证明书向卖方索赔。

3.　The claims, if any regarding to the quality of the goods, shall be lodged within 30 _____ days after arrival of the goods at the destination, if any regarding to the quantities of the goods, shall be lodged within 15 _____ days after arrival of the goods at the destination. The sellers shall not take any responsibility if any claims concerning the shipping goods is up to the responsibility of Insurance Company/Transportation Company/Post Office.

　　如买方提出索赔，凡属品质异议须于货到目的口岸之日起__天内提出；凡属数量异议须于货到目的口岸之日起__天内提出。对货物所提任何异议应由保险公司、运输公司或邮递机构负责的，卖方不负任何责任。

Force Majeure (人力不可抗拒):

The sellers shall not hold any responsibility for partial or total non-performance of this contract due to Force Majeure. But the sellers advise the buyers on time of such occurrence.

如因人力不可抗拒的原因造成本合同全部或部分不能履约，卖方概不负责但卖方应将上述发生的情况及时通知买方。

Disputes settlement (争议之解决方式):

All disputes in connection with this contract of the execution thereof shall be amicably settled through negotiation. In case no amicable settlement can be reached between the two parties, the case under dispute shall be submitted to arbitration, which shall be held in the country where the defendant resides, or in third country agreed by both parties. The decision of the arbitration shall be accepted as final and binding upon both parties. The Arbitration Fees shall be borne by the losing party.

凡因执行本合约或有关本合约所发生的一切争执，双方应协商解决。如果协商不能得到解决，应提交仲裁。仲裁地点在被告方所在国内，或者在双方同意的第三国。仲裁裁决是终局的，对双方都有约束力，仲裁费用由败诉方承担。

Law application (法律适用):

It will be governed by the law of the People's Republic of China under the circumstances that the contract is signed or the goods while the disputes arising are in the People's Republic of China or the defendant is Chinese legal person, otherwise it is governed by Untied Nations Convention on Contract for the International Sale of Goods.

本合同之签订地，或发生争议时货物所在地在中华人民共和国境内或被诉人为中国法人的，适用中华人民共和国法律，除此规定外，适用《联合国国际货物销售合同公约》。

The terms in the contract based on INCOTERMS 2010 of the International Chamber of Commerce. 本合同使用的价格术语系根据国际商会的"INCOTERMS 2010"。

Versions (文字):

This contract is made out in both Chinese and English of which version is equally effective. Conflicts between these two languages arising therefrom, if any, shall be subject to Chinese version.

本合同中、英两种文字具有同等法律效力，在文字解释上，若有异议，以中文解释为准。

This contract is in 3 _____ copies, effective since being singed/sealed by both parties.

本合同共__份，自双方代表签字（盖章）之日起生效。

The Buyer	The Seller
Shenzhen Yawan Trading Co., Ltd.	LEA trading Co., Ltd.
Yang Jun	Eva

图 1-1　合同

ISSUER LEA trading Co., Ltd. Avenida Rio Branco, 215 Rio de Janeiro, RJ Brazil	形式发票 **PROFORMA INVOICE**	
TO Shenzhen Yawan Trading Co., Ltd. Building 1-3, Fuhua Industrial Zone, Baoan District, Shenzhen, China		

TRANSPORT DETAILS From Rio De Janeiro,Brazil to Shanghai,China, Ready shipment By sea	NO. IV0000016	DATE 2015-07-01
	S/C NO. CT0000023	S/C DATE 2015-07-01

TERMS OF PAYMENT
100 % by D/D

Product No.	Description of goods	Quantity	Unit Price	Amount
			CFR ▾	Shanghai,China ▾
CE-003	Frozen Beef Meat Storage Type: Frozen, Feature: Boneless	20600 BOXES	USD 8.70	USD 179220.00
	Total: [20600] [BOXES]			[USD] [179220.00]

SAY TOTAL: SAY USD ONE HUNDRED AND SEVENTY NINE THOUSAND AND TWO HUNDRED AND TWENTY ONLY

MARKS AND NUMBERS:

N/M

LEA trading Co., Ltd.

Eva

图 1-2　形式发票

注：本书所有图片的使用均经步惊云软件有限公司授权，图中水印 www.bjysoft.com 为步惊云软件有限公司网址。

二、制单结果

根据合同和形式发票制作的自动进口许可证申请表如图 1-3 所示。

自动进口许可证申请表

1. 进口商： 深圳市亚万贸易有限公司	代码： 207550104	3. 自动进口许可证申请表号： 5005000005 自动进口许可证号：
2. 进口用户： 深圳市亚万贸易有限公司		4. 申请自动进口许可证有效截止日期： 　　　年　　月　　日
5. 贸易方式： 一般贸易		8. 贸易国（地区）： 巴西
6. 外汇来源： 银行购汇		9. 原产地国（地区）： 巴西
7. 报关口岸： 上海海关		10. 商品用途： 直接销售

11. 商品名称： 冷冻牛肉	商品编码： 0202300090		设备状态： 新	
12.规格、等级	13.单位	14.数量	15.单价（币别）	16.总值（币别）	17.总值折美元
冷冻牛肉 储藏类型： 冷冻，特征：无骨	盒	20600.00	USD 8.70	USD 179220.00	179220.00
18.总　计	盒	20600.00		USD　179220.00	179220.00

备注 联 系 人： 杨军 联系电话： 86-755-85615236 申请日期： 2016-06-14	20. 签证机构审批意见：

图 1-3 自动进口许可证申请表

实验项目 2 申请出口许可证练习

一、实验要求

请以出口商角色进入，填制出口许可证申请表，并向发证机构申请办理出口许可证。

二、操作步骤

（一）填制出口许可证申请表

（1）进入【业务详情】页面。

（2）添加出口许可证申请表（见图 2-1）并进行填写（填写完成后点击左边的"！"号进行检查，如果单据标题处显示绿色的"√"，说明填写通过，可以使用）。

出口许可证申请表

出口商： 深圳市亚万贸易有限公司	代码： 207550104	出口许可证号： 2016122000041		
发货人： 深圳市亚万贸易有限公司		出口许可证有效截止日期： 2016 年 9 月 12 日		
贸易方式： 一般贸易		进口国（地区）： 美国		
合同号： CT0000001		付款方式： D/P		
报关口岸： 上海海关		运输方式： 水路运输		
商品名称： 冷冻牛舌		商品编码： 0206210000		
规格、型号	单位	数量	单价（币制）	总值	总值折美元
冷冻牛舌 储藏方法：冷冻，规格：20千克/箱	吨	70	USD 2200.00	USD 154000.00	154000.00
总计	吨	70		USD 154000.00	154000.00
备注：		签证机构审批（初审）：		
申请单位盖章：		经办人：		
申请日期： 2016-06-14		终审：		

图 2-1 出口许可证申请表

（二）申请出口许可证

（1）进入"发证机构"界面：

方法1：进入【业务流程】页面，点击"出口许可证件"，进入发证机构界面，再点击"出口许可证"按钮。

方法2：进入【业务办理】页面，点击"发证机构"建筑，进入办证大厅，再点击柜台，选择"出口许可证"业务。

（2）选择并提交合同、出口许可证申请表，完成出口许可证的申请（见图2-2）。

出口货物许可证
EXPORT LICENCE

No. 207550104

出口商 深圳市亚万贸易有限公司 Exporter	出口许可证号 2017122000370 Export Licence No.
发货人 深圳市亚万贸易有限公司 Consignor	出口许可证有效截止日期 2018-02-23 Export Licence expire date
贸易方式 一般贸易 Terms of trade	进口国（地区）美国 Country/Region of importation
合同号 CT0000001 Contract No.	收款方式 D/P Terms of payment
报关口岸 上海海关 Port of clearance	运输方式 水路运输 Means of transport
商品名称 冷冻牛舌 Description of goods	商品编码 0206210000 Code of goods

商品规格、型号 Specification	单位 Unit	数量 Quantity	单价（　） Unit price	总值（　） Amount	总值折美元（　） Amount in USD
冷冻牛舌 储藏方法：冷冻，规格：20千克/箱	吨	70	USD 2200.00	USD 154000.00	154000.00
总计 Total	吨	70		USD　154000.00	154000.00

备注 Supplementary details	发证机关盖章 Issuing Authority's Stamp & signature 发证日期 2017-11-26 Licence Date

商务部监制　　　　　　　　　　　　　　　　　　　　　　本证不得涂改，不得转让

图2-2　出口货物许可证

实验项目 3 制单——出口货物报关单

一、实验要求

这是一笔以 D/A（承兑交单）方式出口冷冻牛肝的海运业务，定于 2015 年 7 月 28 日出运。集货完成并通过出口商检后，出口商于 2015 年 7 月 26 日开始准备报关所需相关单据，并委托元通报关行办理报关手续。请你根据合同（见图 3-1）、商业发票（见图 3-2）、装箱单（见图 3-3）、订舱确认书（见图 3-4）、出口货物许可证（见图 3-5）、装货单（见图 3-6）、出境货物通关单（见图 3-7）等单据，制作出口货物报关单。

SALES CONFIRMATION

卖方：Shenzhen Yawan Trading Co., Ltd.	NO.: CT0000038
Seller: Building 1-3, Fuhua Industrial Zone, Baoan District, Shenzhen, China	DATE: 2015-07-01
买方：June System Trading Co., Ltd.	
Buyer: Jinding Garden Busan, Korea	

经买卖双方同意成交下列商品，订立条款如下：
This contract is made by and agreed between the BUYER and SELLER, in accordance with the terms and conditions stipulated below.

商品编号 Product No.	名称及规格 Description of goods	数量 Quantity	单价 Unit Price	金额 Amount
			FOB ∨ Shanghai,China ∨	
DA-002	Frozen Ox Liver Storage Type: Frozen, Specification: 20kgs/carton	94 MTS	USD 1900.00	USD 178600.00
总值TOTAL:		94 MTS		USD ∨ 178600.00

Say Total(金额大写): SAY USD ONE HUNDRED AND SEVENTY EIGHT THOUSAND SIX HUNDRED ONLY

Transshipment (转运):

☐Allowed (允许) ☑Not allowed (不允许)

Partial shipments (分批装运):

☐Allowed (允许) ☑Not allowed (不允许)

Port of Shipment (装运港):

Shanghai,China ∨

Port of Destination (目的港):

Busan,Korea ∨

Shipment (装运条款):

Ready shipment ∨   By sea ∨

Marks and Numbers (唛头):

N/M

Insurance (保险):

☑To be covered by the Buyer.
由买方负责。
☐To be covered by the Seller FOR ____ ∨ of the invoice value covering

由___按发票金额___投保___。

Terms of payment (付款条件):

100 % by D/A at 30 days after sight.

__% 以 __预付，其余 __% 以 __支付。

Documents required (单据):

The sellers shall present the following documents required.

卖方应提交下列单据。

☑ Full set of clean on Board Ocean Bills of Lading.

　　整套正本清洁提单。

☐ Airway bill/cargo receipt/copy of railway bills.

　　空运提单或承运收据或铁路联运单。

☑ Signed commercial invoice in 3 _____ copies.

　　商业发票一式 __份。

☑ Packing list/weight memo in 3 _____ copies.

　　装箱单或重量单一式 __份。

☐ Certificate of Quantity/Weight in _____ copies issued by _____.

　　由 __签发的数量/重量证明书一式 __份。

☐ Certificate of Quality in _____ copies issued by _____.

　　由 __签发的品质证明书一式 __份。

☐ Health Certificate in _____ copies issued by _____.

　　由 __签发的健康证明书一式 __份。

☐ Certificate of phytosanitary in _____ copies issued by _____.

　　由 __签发的植物检疫证明书一式 __份。

☑ Veterinary (Health) Certificate in 2 _____ copies issued by CIQ _____.

　　由 __签发的兽医（卫生）证书一式 __份。

☐ Sanitary Certificate in _____ copies issued by _____.

　　由 __签发的卫生证书一式 __份。

☐ Fumigation/Disinfection Certificate in _____ copies issued by _____.

　　由 __签发的熏蒸/消毒证书一式 __份。

☐ Certificate for CCC in _____ copies.

　　CCC认证证书一式 __份。

☐ Insurance policy in _____ copies.

　　保险单一式 __份。

☐ Certificate of Origin in _____ copies issued by _____.

　　由 __签发的一般原产地证一式 __份。

☐ Certificate of Origin Form A in _____ copies issued by _____.

　　由 __签发的普惠制产地证一式 __份。

√ Certificate of Origin Form B in 2 ____ copies issued by CIQ _____.

由__签发的《亚太贸易协定》优惠原产地证明书一式__份。

Shipping advice (装运通知):

The sellers shall immediately, upon the completion of the loading of the goods, advise the buyers of the Contract No, names of commodity, loaded quantity, invoice values, gross weight, names of vessel and shipment date by TLX/FAX.

一旦装运完毕，卖方应即电告买方合同号、商品号、已装载数量、发票总金额、毛重、运输工具名称及启运日期等。

Inspection and Claims (检验与索赔):

1. The buyers shall have the qualities, specifications, quantities of the goods carefully inspected by the Inspection Authority, which shall issue Inspection Certificate before shipment.

卖方在发货前由检验机构对货物的品质、规格和数量进行检验，并出具检验证明书。

2. The buyers have right to have the goods inspected by the local commodity inspection authority after the arrival of the goods at the port of destination if the goods are found damaged/short/their specifications and quantities not in compliance with that specified in the contract, the buyers shall lodge claims against the sellers based on the Inspection Certificate issued by the Commodity Inspection Authority within 15 ____ days after the goods arrival at the destination.

货物到达目的口岸后，买方可委托当地的商品检验机构对货物进行复检。如果发现货物有损坏、残缺或规格、数量与合同规定不符，买方须于货到目的口岸的__天内凭检验机构出具的检验证明书向卖方索赔。

3. The claims, if any regarding to the quality of the goods, shall be lodged within 30 ____ days after arrival of the goods at the destination, if any regarding to the quantities of the goods, shall be lodged within 15 ____ days after arrival of the goods at the destination. The sellers shall not take any responsibility if any claims concerning the shipping goods is up to the responsibility of Insurance Company/Transportation Company/Post Office.

如买方提出索赔，凡属品质异议须于货到目的口岸之日起__天内提出；凡属数量异议须于货到目的口岸之日起__天内提出。对货物所提任何异议应由保险公司、运输公司或邮递机构负责的，卖方不负任何责任。

Force Majeure (人力不可抗拒):

The sellers shall not hold any responsibility for partial or total non-performance of this contract due to Force Majeure. But the sellers advise the buyers on time of such occurrence.

如因人力不可抗拒的原因造成本合同全部或部分不能履约，卖方概不负责但卖方应将上述发生的情况及时通知买方。

Disputes settlement (争议之解决方式):

All disputes in connection with this contract of the execution thereof shall be amicably settled through negotiation. In case no amicable settlement can be reached between the two parties, the case under dispute shall be submitted to arbitration, which shall be held in the country where the defendant resides, or in third country agreed by both parties. The decision of the arbitration shall be accepted as final and binding upon both parties. The Arbitration Fees shall be borne by the losing party.

凡因执行本合约或有关本合约所发生的一切争执，双方应协商解决。如果协商不能得到解决，应提交仲裁。仲裁地点在被告方所在国内，或者在双方同意的第三国。仲裁裁决是终局的，对双方都有约束力，仲裁费用由败诉方承担。

Law application (法律适用):

It will be governed by the law of the People's Republic of China under the circumstances that the contract is signed or the goods while the disputes arising are in the People's Republic of China or the defendant is Chinese legal person, otherwise it is governed by Untied Nations Convention on Contract for the International Sale of Goods.

本合同之签订地，或发生争议时货物所在地在中华人民共和国境内或被诉人为中国法人的，适用中华人民共和国法律，除此规定外，适用《联合国国际货物销售合同公约》。

The terms in the contract based on INCOTERMS 2010 of the International Chamber of Commerce. 本合同使用的价格术语系根据国际商会的"INCOTERMS 2010"。

Versions (文字):

This contract is made out in both Chinese and English of which version is equally effective. Conflicts between these two languages arising therefrom, if any, shall be subject to Chinese version.

本合同中、英两种文字具有同等法律效力，在文字解释上，若有异议，以中文解释为准。

This contract is in 3 ____ copies, effective since being singed/sealed by both parties.

本合同共__份，自双方代表签字（盖章）之日起生效。

The Buyer	The Seller
June System Trading Co., Ltd.	Shenzhen Yawan Trading Co., Ltd.
Kunq-won Nam	Yang Jun

图 3-1　合同

ISSUER			
Shenzhen Yawan Trading Co., Ltd. Building 1-3, Fuhua Industrial Zone, Baoan District, Shenzhen, China		商业发票 **COMMERCIAL INVOICE**	

TO			
June System Trading Co., Ltd. Jinding Garden Busan, Korea			

TRANSPORT DETAILS	NO.	DATE
From Shanghai,China to Busan,Korea Ready shipment By sea	IV0000028	2015-07-08
	S/C NO. CT0000038	L/C NO.

TERMS OF PAYMENT

100 % by D/A at 30 days after sight

Product No.	Description of goods	Quantity	Unit Price	Amount
			FOB ▼　Shanghai,China ▼	
DA-002	Frozen Ox Liver Storage Type: Frozen, Specification: 20kgs/carton	94 MTS	USD 1900.00	USD 178600.00

Total:　[94　][MTS　]　　　　　　　　　[USD][178600.00]

SAY TOTAL:　SAY USD ONE HUNDRED AND SEVENTY EIGHT THOUSAND SIX HUNDRED ONLY

MARKS AND NUMBERS:

N/M

Shenzhen Yawan Trading Co., Ltd.

Yang Jun

图 3-2　商业发票

ISSUER
Shenzhen Yawan Trading Co., Ltd. Building 1-3, Fuhua Industrial Zone, Baoan District, Shenzhen, China

| | 装箱单
PACKING LIST |

TO
June System Trading Co., Ltd. Jinding Garden Busan, Korea

PACKING LIST NO. PL0000054	
INVOICE NO. IV0000028	DATE 2015-07-08

Product No.	Description of goods	Package	G.W	N.W	Meas.
DA-002	Frozen Ox Liver Storage Type: Frozen, Specification: 20kgs/carton	4700 CARTONS	103400.00 KGS	94000.00 KGS	98.7000 CBM
	Total:	[4700 [CARTONS	[103400.00 [KGS	[94000.00 [KGS	[98.7000 [CBM

SAY TOTAL: FOUR THOUSAND SEVEN HUNDRED CARTONS

MARKS AND NUMBERS:

N/M

Shenzhen Yawan Trading Co., Ltd.

Yang Jun

图 3-3　装箱单

国际进出口货运代理公司
International Logistics Co., Ltd.

To(订舱人): Shenzhen Yawan Trading Co., Ltd.

Date(出运日期): 2015-07-28

Port of Discharge(目的港): Busan

Country of Discharge(目的国): Korea

Container(集装箱): 5 X 20'RF

Vessel / Flight(船名/航班号): TRINITY

Voy. No.(航次): 1225N

图 3-4 订舱确认书

出口货物许可证
EXPORT LICENCE

No. 207550104

出口商 深圳市亚万贸易有限公司 Exporter	出口许可证号 2015122000028 Export Licence No.
发货人 深圳市亚万贸易有限公司 Consignor	出口许可证有效截止日期 2016-01-13 Export Licence expire date
贸易方式 一般贸易 Terms of trade	进口国（地区）韩国 Country/Region of importation
合同号 CT0000038 Contract No.	收款方式 D/A Terms of payment
报关口岸 上海海关 Port of clearance	运输方式 水路运输 Means of transport
商品名称 冷冻牛肝 Description of goods	商品编码 0206220000 Code of goods

商品规格、型号 Specification	单位 Unit	数量 Quantity	单价（ ） Unit price	总值（ ） Amount	总值折美元（ ） Amount in USD
冷冻牛肝 储藏方法： 冷冻，规格：20千克/箱	吨	94	USD 1900.00	USD 178600.00	178600.00
总计 Total	吨	94		USD 178600.00	178600.00

备注 Supplementary details	发证机关盖章 Issuing Authority's Stamp & signature 发证日期 2015-07-13 Licence Date

商务部监制

本证不得涂改，不得转让

图 3-5 出口货物许可证

Shipper (发货人) Shenzhen Yawan Trading Co., Ltd. Building 1-3, Fuhua Industrial Zone, Baoan District, Shenzhen, China 86-755-85615236				D/R No.(编号) COBL0000032	

Consignee(收货人)
TO ORDER

装　货　单　第五联

Notify Party(通知人)
June System Trading Co., Ltd.
Jinding Garden Busan, Korea
0082-5131345

Received by the Carrier the Total number of containers or other packages or units satated below to be transported subject to the terms and conditions of the Carrier's regular form of Bill of Lading
(for Combined Date (日期):
2015-07-26

Pre Carriage by(前程运输)	Place of Receipt(收货地点)	

Ocean vessel(船名) TRINITY	Voy .No(航次) 1225N	Port of Loading(装货港) Shanghai,China	场站章

Port of Discharge(卸货港) Busan,Korea	Place of Delivery(交货地点)	Final Destination for Merchant's Reference(目的地)

Container No./Seal No. (集装箱号/封志号)	Marks & Nos. （标记与号码）	No. of contai-ners of P'kgs. (箱数或件数)	Kind of packages:Description (包装种类与货名)	Gross weight 毛重（千克）	Measurement 尺寸(立方米)
BJYU0010842/FTD010842/20'RF; BJYU0020612/FTD020612/20'RF; BJYU0030638/FTD030638/20'RF; BJYU0040647/FTD040647/20'RF; BJYU0050497/FTD050497/20'RF	5 X 20'RF N/M		4700 CARTONS of Frozen Ox Liver FRIGHT COLLECT	103400.0(KGS	98.7000　CBM

TOTAL NUMBER OF CONTAINERS OR PACKAGES(IN WORDS) 集装箱数或件数合计(大写)	FIVE CONTAINERS ONLY

Container No. (箱号)	Seal No. (封志号)	Pkgs. (件数)	Container No. (箱号)	Seal No. (封志号)	Pkgs. (件数)
			Received (实收) 5 X 20'RF	By Terminal cleck　(场站员签字) 陈致远	

FREIGHT & CHARGES	Prepaid at (预付地点)	Paya at (到付地点)	Place of Issue (签发地点) China 2015-07-26
	Total Prepaid (预付总额)	No of Original B(s)/L (正本提单份数) 3/3	BOOKING (订舱确认) APPROVED BY

Service Type on Receiving ☐ -CY, ☐ -CFS, ☑ -DOOR	Prepaid at (预付地点) ☐ -CY, ☐ -CFS, ☑ -DOOR	Reefer Temperature Required.(冷藏温度) ☐☐

TYPE OF GOODS (种类)	☐ Ordinary, (普通)	☑ Reefer, (冷藏)	☐ Dangerous, (危险品)	☐ Auto, (裸装车辆)	危险品	Glass: Property: IMDG Code Page: UN No:
	☐ Liquid, (液体)	☐ Live Animal, (活动物)	☐ Bulk (散货)	☐ _____		

图 3-6　装货单（第五联）

出境货物通关单

编号： EP0000183

1.发货人 深圳市亚万贸易有限公司		5.标记及号码 N/M
2.收货人 六之系贸易有限公司		
3.合同/信用证号 CT0000038	4.输往国家或地区 韩国	
6.运输工具名称及号码 TRINITY/1225N	7.发货日期 2015-07-28	8.集装箱规格及数量 5 X 20'RF

9.货物名称及规格 冷冻牛肝 Frozen Ox Liver	10.H.S.编码 0206220000	11.申报总值 USD 178600.00	12.数/重量、包装数量及种类 94.00 吨 4700.00 箱

13:证明 **上述货物业经检验检疫,请海关予以放行。**

本通关单有效期至 **2015** 年 **9** 月 **25** 日

签字：王浩宇　　　　　　　日期： 2015 年 7 月 25 日

14.备注

图 3-7 出境货物通关单

二、制单情况

　　根据合同、商业发票、装箱单等制作的出口货物报关单如图 3-8 所示。

出口货物报关单

预录入编号：XX2015000001		海关编号：XX2015001		
收发货人 深圳市亚万贸易有限公司 1075500104	出口口岸 上海海关(2200)	出口日期 2015-07-28		申报日期 2015-07-26
生产销售单位 深圳市亚万贸易有限公司 1075500104	运输方式 水路运输	运输工具名称 TRINITY/1225N		提运单号 COBL0000032
申报单位	监管方式 一般贸易(0110)	征免性质 一般征税(101)		备案号
贸易国(地区)	运抵国(地区) 韩国(133)	指运港 釜山(1480)		境内货源地
许可证号 2015122000028	成交方式 FOB	运费 / /	保费 / /	杂费 / /
合同协议号 CT0000038	件数 4700	包装种类 纸箱	毛重(千克) 103400.00	净重(千克) 94000.00
集装箱号 BJYU0010842/20'RF/2900; BJYU0020612/20'RF/2900; BJYU0030638/20'RF/2900; BJYU0040647/20'RF/2900; BJYU0050497/20'RF/2900	随附单据 BEP0000183			
标记唛码及备注 N/M				

项号	商品编号	商品名称、规格型号	数量及单位	最终目的国(地区)	单价	总价	币制	征免
1	0206220000	冷冻牛肝 储藏方法：冷冻，规格：20千克/箱	94000.00 千克 94.00 吨	韩国(133)	1900.00	178600.00	美元(502)	照章征税

特殊关系确认：	价格影响确认：	支付特许权使用费确认：
录入员 录入单位	兹声明对以上内容承担如实申报、依法纳税之法律责任	海关批注及签章
报关人员 何林	申报单位(签章) 中国元通报关行	

图 3-8 出口货物报关单

实验项目4　制单——进口货物报关单

一、实验要求

这是一笔以 T/T（电汇）预付货款方式进口俄罗斯方块游戏机的海运业务，货物已于 2015 年 8 月 30 日抵达目的港。2015 年 8 月 31 日，进口商开始准备报关所需相关单据，并委托报关行办理进口报关等手续。请你根据合同（见图 4-1）、海运提单（见图 4-2）、商业发票（见图 4-3）、装箱单（见图 4-4）等单据，制作进口货物报关单。

SALES CONFIRMATION

卖方　Bidebao Import and Export Company
Seller　Room 203 Jiafa Mansion, St. Petersburg, Russia
买方　Nanjing Hontay Import & Export Trade Company
Buyer　No.390 jiangning economic development zone, Nanjing, China

NO.:　CT0000003
DATE:　2015-07-01

经买卖双方同意成交下列商品，订立条款如下：
This contract is made by and agreed between the BUYER and SELLER, in accordance with the terms and conditions stipulated below.

商品编号 Product No.	名称及规格 Description of goods	数量 Quantity	单价 Unit Price	金额 Amount
			CIF ▽　Shanghai,China ▽	
CM-009	Tetris Game Machine Specifications: length 15.5cm, width 6.5cm, thick 2.5cm, screen 4.5x3cm	14880 SETS	USD 13.00	USD 193440.00
总值TOTAL:		14880　SETS		USD ▽　193440.00

Say Total(金额大写):　SAY USD ONE HUNDRED AND NINETY THREE THOUSAND FOUR HUNDRED AND FORTY ONLY

Transshipment (转运):
☐ Allowed (允许)　☑ Not allowed (不允许)

Partial shipments (分批装运):
☐ Allowed (允许)　☑ Not allowed (不允许)

Port of Shipment (装运港):
St.Petersburg,Russia　▽

Port of Destination (目的港):
Shanghai,China　▽

Shipment (装运条款):
Ready shipment　▽　　　By sea ▽

Marks and Numbers (唛头):
N/M

Insurance (保险):
☐ To be covered by the Buyer.
由买方负责。
☑ To be covered by the Seller FOR 110% ▽ of the invoice value covering
ICC(A) additional WAR Risks.
由___按发票金额___投保___。

Terms of payment (付款条件):

100 % by T/T in advance.

__% 以 __预付，其余 __% 以 __支付。

Documents required (单据):

The sellers shall present the following documents required.

卖方应提交下列单据。

☑Full set of clean on Board Ocean Bills of Lading.

整套正本清洁提单。

☐Airway bill/cargo receipt/copy of railway bills.

空运提单或承运收据或铁路联运单。

☑Signed commercial invoice in 3_____ copies.

商业发票一式__份。

☑Packing list/weight memo in 3_____ copies.

装箱单或重量单一式__份。

☐Certificate of Quantity/Weight in _____ copies issued by _____.

由__签发的数量/重量证明书一式__份。

☐Certificate of Quality in _____ copies issued by _____.

由__签发的品质证明书一式__份。

☐Health Certificate in _____ copies issued by _____.

由__签发的健康证明书一式__份。

☐Certificate of phytosanitary in _____ copies issued by _____.

由__签发的植物检疫证明书一式__份。

☐Veterinary (Health) Certificate in _____ copies issued by _____.

由__签发的兽医（卫生）证书一式__份。

☐Sanitary Certificate in _____ copies issued by _____.

由__签发的卫生证书一式__份。

☐Fumigation/Disinfection Certificate in _____ copies issued by _____.

由__签发的熏蒸/消毒证书一式__份。

☑Certificate for CCC in 2_____ copies.

CCC认证证书一式__份。

☑Insurance policy in 2_____ copies.

保险单一式__份。

☐Certificate of Origin in _____ copies issued by _____.

由__签发的一般原产地证一式__份。

☐Certificate of Origin Form A in _____ copies issued by _____.

由__签发的普惠制产地证一式__份。

☐Certificate of Origin Form B in _____ copies issued by _____.

由___签发的《亚太贸易协定》优惠原产地证明书一式__份。

Shipping advice (装运通知):

The sellers shall immediately, upon the completion of the loading of the goods, advise the buyers of the Contract No, names of commodity, loaded quantity, invoice values, gross weight, names of vessel and shipment date by TLX/FAX.

一旦装运完毕，卖方应即电吉买方合同号、商品号、已装载数量、发票总金额、毛重、运输工具名称及启运日期等。

Inspection and Claims (检验与索赔):

1. The buyers shall have the qualities, specifications, quantities of the goods carefully inspected by the Inspection Authority, which shall issue Inspection Certificate before shipment.

   卖方在发货前由检验机构对货物的品质、规格和数量进行检验，并出具检验证明书。

2. The buyers have right to have the goods inspected by the local commodity inspection authority after the arrival of the goods at the port of destination if the goods are found damaged/short/their specifications and quantities not in compliance with that specified in the contract, the buyers shall lodge claims against the sellers based on the Inspection Certificate issued by the Commodity Inspection Authority within 15 ____ days after the goods arrival at the destination.

   货物到达目的口岸后，买方可委托当地的商品检验机构对货物进行复检。如果发现货物有损坏、残缺或规格、数量与合同规定不符，买方须于货到目的口岸的__天内凭检验机构出具的检验证明书向卖方索赔。

3. The claims, if any regarding to the quality of the goods, shall be lodged within 30 ____ days after arrival of the goods at the destination, if any regarding to the quantities of the goods, shall be lodged within 15 ____ days after arrival of the goods at the destination. The sellers shall not take any responsibility if any claims concerning the shipping goods is up to the responsibility of Insurance Company/Transportation Company/Post Office.

   如买方提出索赔，凡属品质异议须于货到目的口岸之日起__天内提出；凡属数量异议须于货到目的口岸之日起__天内提出。对货物所提任何异议应由保险公司、运输公司或邮递机构负责的，卖方不负任何责任。

Force Majeure (人力不可抗拒):

The sellers shall not hold any responsibility for partial or total non-performance of this contract due to Force Majeure. But the sellers advise the buyers on time of such occurrence.

如因人力不可抗拒的原因造成本合同全部或部分不能履约，卖方概不负责但卖方应将上述发生的情况及时通知买方。

Disputes settlement (争议之解决方式):

All disputes in connection with this contract of the execution thereof shall be amicably settled through negotiation. In case no amicable settlement can be reached between the two parties, the case under dispute shall be submitted to arbitration, which shall be held in the country where the defendant resides, or in third country agreed by both parties. The decision of the arbitration shall be accepted as final and binding upon both parties. The Arbitration Fees shall be borne by the losing party.

凡因执行本合约或有关本合约所发生的一切争执，双方应协商解决。如果协商不能得到解决，应提交仲裁。仲裁地点在被告方所在国内，或者在双方同意的第三国。仲裁裁决是终局的，对双方都有约束力，仲裁费用由败诉方承担。

Law application (法律适用):

It will be governed by the law of the People's Republic of China under the circumstances that the contract is signed or the goods while the disputes arising are in the People's Republic of China or the defendant is Chinese legal person, otherwise it is governed by Untied Nations Convention on Contract for the International Sale of Goods.

本合同之签订地，或发生争议时货物所在地在中华人民共和国境内或被诉人为中国法人的，适用中华人民共和国法律，除此规定外，适用《联合国国际货物销售合同公约》。

The terms in the contract based on INCOTERMS 2010 of the International Chamber of Commerce. 本合同使用的价格术语系根据国际商会的"INCOTERMS 2010"。

Versions (文字):

This contract is made out in both Chinese and English of which version is equally effective. Conflicts between these two languages arising therefrom, if any, shall be subject to Chinese version.

本合同中、英两种文字具有同等法律效力，在文字解释上，若有异议，以中文解释为准。

This contract is in 3 ____ copies, effective since being singed/sealed by both parties.

本合同共__份，自双方代表签字（盖章）之日起生效。

The Buyer	**The Seller**
Nanjing Hontay Import & Export Trade Company	**Bidebao Import and Export Company**
Yuwen Tang	**Nalesjin**

图 4-1 合同

1. Shipper Insert Name, Address and Phone Bidebao Import and Export Company Room 203 Jiafa Mansion, St. Petersburg, Russia	B/L No. COBL0000004

2. Consignee Insert Name, Address and Phone TO ORDER	**ORIGINAL** Port-to-Port or Combined Transport **BILL OF LADING**

3. Notify Party Insert Name, Address and Phone (It is agreed that no responsibility shall attach to the Carrier or his agents for failure to notify) Nanjing Hontay Import & Export Trade Company No.390 jiangning economic development zone, Nanjing, China	RECEIVED in external apparent good order and condition except as other-Wise noted. The total number of packages or units stuffed in the container,The description of the goods and the weights shown in this Bill of Lading are Furnished by the Merchants, and which the carrier has no reasonable means Of checking and is not a part of this Bill of Lading contract. The carrier has Issued the number of Bills of Lading stated below, all of this tenor and date, One of the original Bills of Lading must be surrendered and endorsed or sig-Ned against the delivery of the shipment and whereupon any other original Bills of Lading shall be void. The Merchants agree to be bound by the terms And conditions of this Bill of Lading as if each had personally signed this Bill of Lading. SEE clause 4 on the back of this Bill of Lading (Terms continued on the back Hereof, please read carefully). *Applicable Only When Document Used as a Combined Transport Bill of Lading.

4. Combined Transport* Pre - carriage by	5. Combined Transport* Place of Receipt	
6. Ocean Vessel Voy. No. JJ SKY 757E	7. Port of Loading St.Petersburg,Russia	
8. Port of Discharge Shanghai,China	9. Combined Transport* Place of Delivery	

Marks & Nos. Container / Seal No.	No. of Containers or Packages	Description of Goods (If Dangerous Goods, See Clause 20)	Gross Weight Kgs		Measurement	
N/M BJYU0010055/FTD010055/40'GP FTD010055	1 X 40'GP	Tetris Game Machine 372 CARTONS; FREIGHT PREPAID	3162.00	KGS	66.9600	CBM

Description of Contents for Shipper's Use Only (Not part of This B/L Contract)

10. Total Number of containers and/or packages (in words) Subject to Clause 7 Limitation	THREE HUNDRED AND SEVENTY TWO CARTONS

11. Freight & Charges	Revenue Tons	Rate	Per	Prepaid	Collect
Declared Value Charge					

Ex. Rate:	Prepaid at	Payable at	Place and date of issue Russia 2015-08-11
	Total Prepaid	No. of Original B(s)/L 3/3	Signed for the Carrier,

LADEN ON BOARD THE VESSEL

DATE 2015-08-11   BY

图 4-2 海运提单

ISSUER Bidebao Import and Export Company Room 203 Jiafa Mansion, St.Petersburg, Russia	商业发票 **COMMERCIAL INVOICE**	
TO Nanjing Hontay Import & Export Trade Company No.390 jiangning economic development zone, Nanjing, China		

TRANSPORT DETAILS From St.Petersburg,Russia to Shanghai,China Ready shipment By sea	NO. IV0000003	DATE 2015-07-10
	S/C NO. CT0000003	L/C NO.

TERMS OF PAYMENT

100 % by T/T in advance

Product No.	Description of goods	Quantity	Unit Price	Amount
			CIF ▼ Shanghai,China ▼	
CM-009	Tetris Game Machine Specifications: length 15.5cm, width 6.5cm,thick 2.5cm, screen 4.5x3cm	14880 SETS	USD 13.00	USD 193440.00

Total: [14880][SETS]　　　[USD][193440.00]

SAY TOTAL:　SAY USD ONE HUNDRED AND NINETY THREE THOUSAND FOUR HUNDRED AND FORTY ONLY

MARKS AND NUMBERS:

N/M

Bidebao Import and Export Company

Nalesjin

图 4-3　商业发票

ISSUER				
Bidebao Import and Export Company Room 203 Jiafa Mansion, St.Petersburg, Russia		装箱单 **PACKING LIST**		
TO				
Nanjing Hontay Import & Export Trade Company No.390 jiangning economic development zone, Nanjing, China		PACKING LIST NO. PL0000004		
		INVOICE NO. IV0000003	DATE 2015-07-10	

Product No.	Description of goods	Package	G.W	N.W	Meas.
CM-009	Tetris Game Machine Specifications: length 15.5cm, width 6.5cm, thick 2.5cm, screen 4.5x3cm	372 CARTONS	3162.00 KGS	2976.00 KGS	66.9600 CBM
Total:		[372 [CARTONS]	[3162.00 [KGS]	[2976.00 [KGS]	[66.9600 [CBM]

SAY TOTAL: THREE HUNDRED AND SEVENTY TWO CARTONS

MARKS AND NUMBERS:

N/M

Bidebao Import and Export Company

Nalesjin

图 4-4　装箱单

二、制单情况

根据合同、海运提单、商业发票等制作的进口货物报送单如图 4-5 所示。

进口货物报关单

预录入编号：XX2015000001　　　　　　　　　海关编号：XX2015001

收发货人	南京弘泰进出口贸易公司 1032500150		进口口岸 上海海关(2200)	进口日期 2015-08-30	申报日期 2015-08-31
消费使用单位	南京弘泰进出口贸易公司 1032500150		运输方式 水路运输	运输工具名称 JJ SKY/757E	提运单号 COBL0000004
申报单位			监管方式 一般贸易(0110)	征免性质 一般征税(101)	备案号
贸易国(地区)		起运国（地区） 俄罗斯(344)	装货港 圣彼得堡(2654)		境内目的地
许可证号		成交方式 CIF	运费 ／　／	保费 ／　／	杂费 ／　／
合同协议号 CT0000003		件数 372	包装种类 纸箱	毛重(千克) 3162	净重(千克) 2976
集装箱号 BJYU0010055/40'GP/3760		随附单据			
标记唛码及备注 N/M					

项号	商品编号	商品名称、规格型号	数量及单位	原产国(地区)	单价	总价	币制	征免
1	9504901000	俄罗斯方块游戏机 规格：长 15.5cm，宽6.5cm，厚2.5cm，屏幕 4.5x3cm	14880.00 台 2976.00 千克	俄罗斯(344)	13.00	193440.00	美元(502)	照章征税

特殊关系确认：　　　　价格影响确认：　　　　支付特许权使用费确认：

录入员　录入单位	兹声明对以上内容承担如实申报、依法纳税之法律责任	海关批注及签章
报关人员 林小清	申报单位（签章） 上海美德报关行	

图 4-5　进口货物报关单

实验项目 5 出口报关预录人练习

一、实验要求

请以出口报关行角色登录，进入电子口岸界面，完成出口报关预录人、申报及打印操作。

二、操作步骤

（1）以出口报关行角色登录，进入电子口岸界面（两种进入方法）：

传统界面：进入业务部——业务中心，在流程图上点击"报/转关录入"，进入电子口岸界面。

游戏界面：在城市地图上点击"报关行"建筑，进入业务场景，再点击电脑，并在弹出的界面中选择"电子口岸"。

（2）登录后（密码自动代入），选择"报关申报"业务，进入系统，然后选择界面上方菜单"报关单"中的"出口报关单"业务。

（3）在打开的报关单录入/申报界面中逐项录入相关内容，录入时可参考界面最下方的填写说明。填写过程中可随时检查，填写完成后点击"暂存"按钮。

（4）依次点击界面上方的"上载""申报"按钮，将数据发送到海关。

（5）等待一段时间后（报关单状态变为"报关单审结"，报关行收到申报成功的消息提示时，见图5-1），再点击界面上方的"打印"按钮。打印成功后，即可到业务单证中查看已生成的出口货物报关单，如图5-2所示。

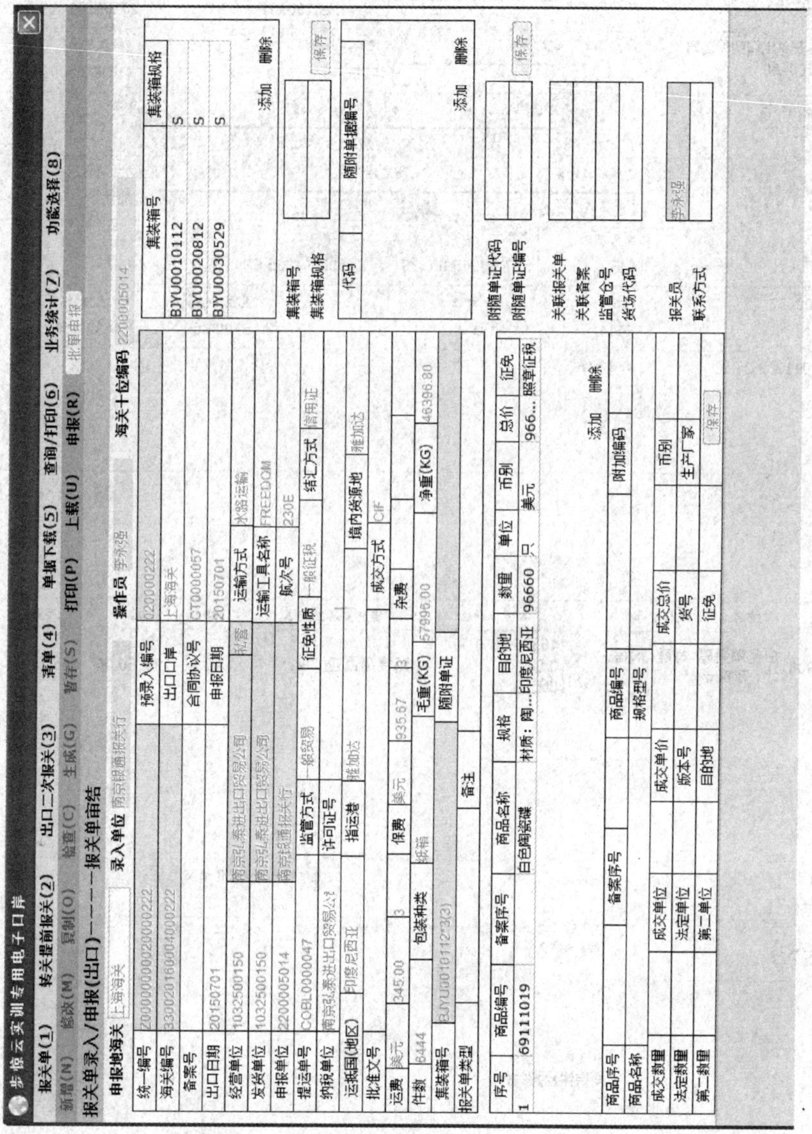

图 5-1 报关单审结界面

出口货物报关单

预录入编号：020000222   海关编号：330020160004000222

收发货人	南京弘泰进出口贸易公司 1032500150	出口口岸 上海海关(2200)	出口日期 20150701	申报日期 20150701
生产销售单位	南京弘泰进出口贸易公司 1032500150	运输方式 水路运输	运输工具名称 FREEDOM	提运单号 COBL0000047
申报单位	南京银通报关行 2200005014	监管方式 一般贸易(0110)	征免性质 一般征税(101)	备案号

贸易国(地区) 印度尼	运抵国(地区) 印度尼西亚(112)	指运港 雅加达(1099)	境内货源地 雅加达
许可证号	成交方式 CIF	运费 502 /345.00 /3	保费 502 /935.67 /3	杂费 / /

合同协议号 CT0000057	件数 6444	包装种类 纸箱	毛重(千克) 57996.00	净重(千克) 46396.80

集装箱号 BJYU0010112*3(3)   随附单据

标记唛码及备注
N/M

项号	商品编号	商品名称、规格型号	数量及单位	最终目的国(地区)	单价	总价	币制	征免
1	6911101900	白色陶瓷碟 材质：陶瓷，尺寸：8*8cm	46396.80 千克 0.00 96660.00 只	印度尼西亚(112)	1.00	96660.00	美元(502)	照章征税

特殊关系确认：否   价格影响确认：否   支付特许权使用费确认：否

录入员 录入单位 李永强 南京银通报关行	兹声明对以上内容承担如实申报、依法纳税之法律责任	海关批注及签章
报关人员 李永强	申报单位(签章) 南京银通报关行	

图 5-2   出口货物报关单

实验项目6　进口报关预录入练习

一、实验要求

请以进口报关行角色登录，进入电子口岸界面，完成进口报关预录入、申报及打印操作。

二、操作步骤

（1）以进口报关行角色登录，进入电子口岸界面（两种进入方法）：

<u>传统界面</u>：进入业务部——业务中心，在流程图上点击"报/转关录入"，进入电子口岸界面。

<u>游戏界面</u>：在城市地图上点击"报关行"建筑，进入业务场景，再点击电脑，并在弹出的界面中选择"电子口岸"。

（2）登录后（密码自动代入），选择"报关申报"业务，进入系统，然后选择界面上方菜单"报关单"中的"进口报关单"业务。

（3）在打开的报关单录入/申报界面中逐项录入相关内容，录入时可参考界面最下方的填写说明。填写过程中可随时检查，填写完成后点击"暂存"按钮。

（4）依次点击界面上方的"上载""申报"按钮，将数据发送到海关。

（5）等待一段时间后（报关单状态变为"报关单审结"，报关行收到申报成功的消息提示时，见图6-1），再点击界面上方的"打印"按钮。打印成功后，即可到业务单证中查看已生成的进口货物报关单，如图6-2所示。

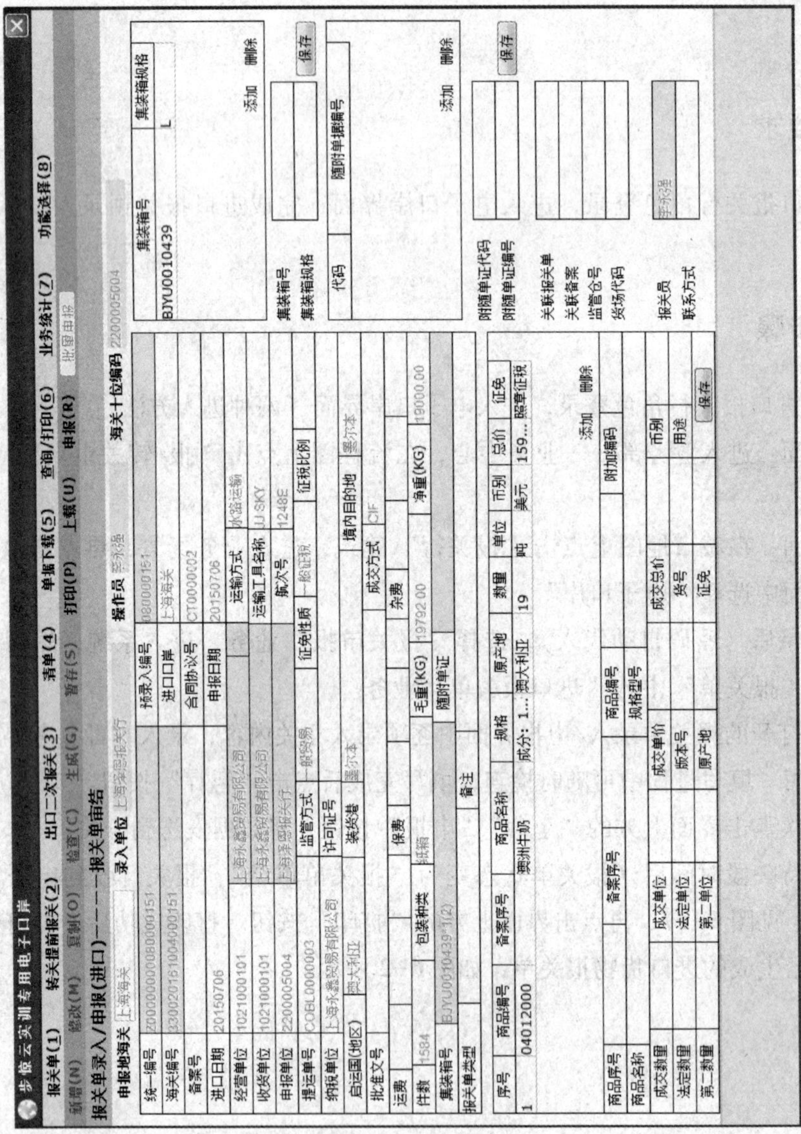

图 6-1 报关单审结界面

进口货物报关单

预录入编号：080000151 海关编号：330020161004000151

收发货人	上海永鑫贸易有限公司 1021000101	进口口岸 上海海关(2200)		进口日期 20150706	申报日期 20150706
消费使用单位	上海永鑫贸易有限公司 1021000101	运输方式 水路运输	运输工具名称 JJ SKY		提运单号 COBL0000003
申报单位		监管方式 一般贸易(0110)	征免性质 一般征税(101)		备案号
贸易国(地区)		起运国（地区） 澳大利亚(601)	装货港 墨尔本(3242)		境内目的地 墨尔本
许可证号		成交方式 CIF	运费 / /	保费 / /	杂费 / /
合同协议号	CT0000002	件数 1584	包装种类 纸箱	毛重(千克) 19792	净重(千克) 19000
集装箱号	BJYU0010439*1(2)	随附单据			
标记唛码及备注 N/M					

项号	商品编号	商品名称、规格型号	数量及单位	原产国(地区)	单价	总价	币制	征免
1	0401200000	澳洲牛奶 成分：100%有机 全脂牛奶，保质期：360天， 容量：1L	19000.00 千克	澳大利亚(601)	8400.00	159600.00	美元(502)	照章征税

特殊关系确认： 价格影响确认： 支付特许权使用费确认：

录入员 录入单位 李永强上海泽恩报关行	兹声明对以上内容承担如实申报、依法纳 税之法律责任	海关批注及签章
报关人 员 李永强	申报单位（签章） 上海泽恩报关行	

图 6-2　进口货物报关单

实验项目 7　出口报关练习——服装

一、实验要求

以出口报关行角色登录，进入电子口岸界面，完成出口报关预录入、申报等操作；向海关递交相关材料，完成现场申报；完成出口通关，并取得相关证明（如被海关抽中查验，需先配合查验才能通关）。

二、操作步骤

（一）出口报关预录入

（1）以出口报关行角色登录，进入电子口岸界面（两种进入方法）：

传统界面：进入业务部——业务中心，在流程图上点击"报/转关录入"，进入电子口岸界面。

游戏界面：在城市地图上点击"报关行"建筑，进入业务场景，再点击电脑，并在弹出的界面中选择"电子口岸"。

（2）登录后（密码自动代入），选择"报关申报"业务，进入系统，然后选择界面上方菜单"报关单"中的"出口报关单"业务。

（3）在打开的报关单录入/申报界面中逐项录入相关内容，录入时可参考界面最下方的填写说明。填写过程中可随时检查，填写完成后点击"暂存"按钮。

（4）依次点击界面上方的"上载""申报"按钮，将数据发送到海关。

（5）等待一段时间后（报关单状态变为"报关单审结"，报关行收到消息提示时，见图 7-1），再点击界面上方的"打印"按钮。打印成功后，即可到业务单证中查看已生成的出口货物报关单，如图 7-2 所示。

报关预录入部分至此结束。

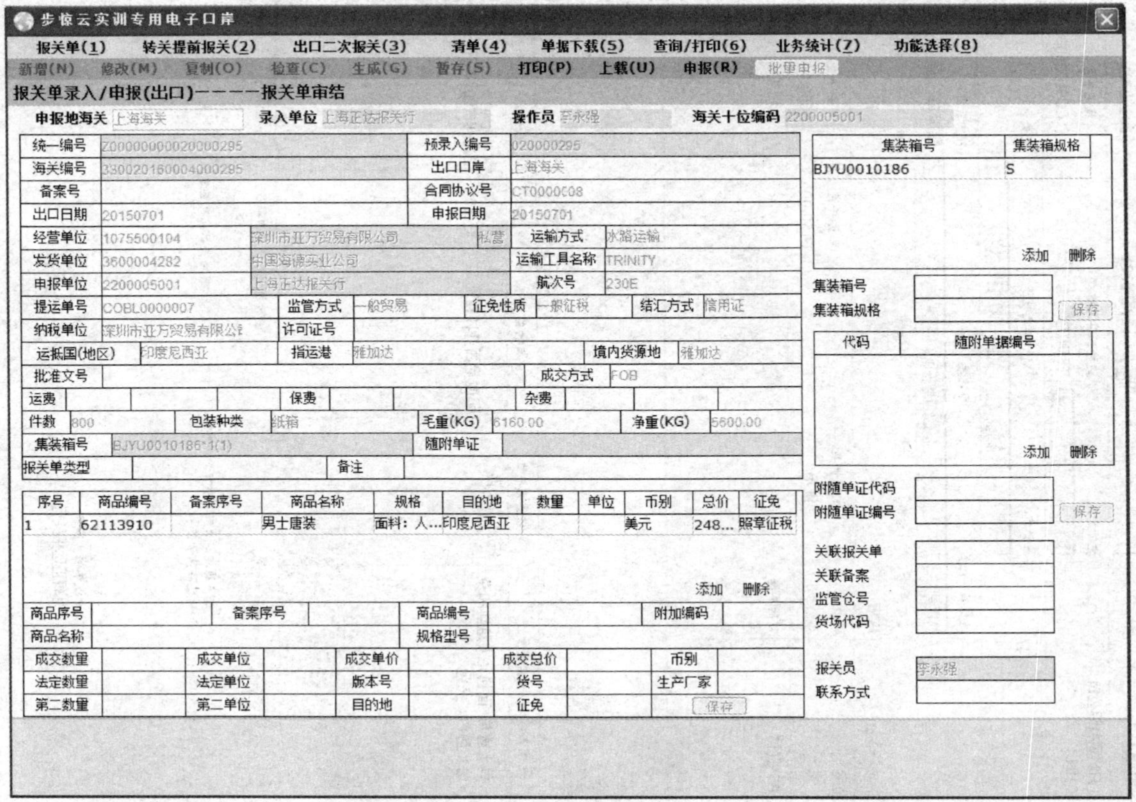
步惊云实训专用电子口岸
报关单(1) 转关提前报关(2) 出口二次报关(3) 清单(4) 单据下载(5) 查询/打印(6) 业务统计(7) 功能选择(8)
新增(N) 修改(M) 复制(O) 检查(C) 生成(G) 暂存(S) 打印(P) 上载(U) 申报(R) 批量申报
报关单录入/申报(出口)————报关单审结
申报地海关 上海海关
录入单位 上海正达报关行
操作员 李永强
海关十位编码 2200005001
统一编号 Z00000000020000295
预录入编号 020000295
海关编号 330020160004000295
出口口岸 上海海关
备案号
合同协议号 CT0000008
出口日期 20150701
申报日期 20150701
经营单位 1075500104 深圳市亚万贸易有限公司 私营
运输方式 水路运输
发货单位 3600004282 中国海德实业公司
运输工具名称 TRINITY
申报单位 2200005001 上海正达报关行
航次号 230E
提运单号 COBL0000007
监管方式 一般贸易
征免性质 一般征税
结汇方式 信用证
纳税单位 深圳市亚万贸易有限公司
许可证号
运抵国(地区) 印度尼西亚
指运港 雅加达
境内货源地 雅加达
批准文号
成交方式 FOB
运费
保费
杂费
件数 800
包装种类 纸箱
毛重(KG) 6160.00
净重(KG) 5600.00
集装箱号 BJYU0010186*1(1)
随附单证
报关单类型
备注
序号 商品编号 备案序号 商品名称 规格 目的地 数量 单位 币别 总价 征免
1 62113910 男士唐装 面料：人…印度尼西亚 美元 248… 照章征税
添加 删除
商品序号 备案序号 商品编号 附加编码
商品名称 规格型号
成交数量 成交单位 成交单价 成交总价 币别
法定数量 法定单位 版本号 货号 生产厂家
第二数量 第二单位 目的地 征免
保存
集装箱号 集装箱规格
BJYU0010186 S
添加 删除
集装箱号
集装箱规格
保存
代码 随附单据编号
添加 删除
附随单证代码
附随单证编号
保存
关联报关单
关联备案
监管仓号
货场代码
报关员 李永强
联系方式

图 7-1 报关单审结界面

出口货物报关单

预录入编号: 020000174   海关编号: 330020150004000174

收发货人	深圳市亚万贸易有限公司 1075500104	出口口岸 上海海关(2200)		出口日期 20150701	申报日期 20150701
生产销售单位	深圳市亚万贸易有限公司 1075500104	运输方式 水路运输	运输工具名称 TRINITY		提运单号 COBL0000007
申报单位		监管方式 一般贸易(0110)	征免性质 一般征税(101)		备案号
贸易国(地区)		运抵国(地区) 印度尼西亚(112)	指运港 雅加达(1099)		境内货源地 雅加达
许可证号		成交方式 FOB	运费 / /	保费 / /	杂费 / /
合同协议号 CT0000008		件数 800	包装种类 纸箱	毛重(千克) 6160.00	净重(千克) 5600.00
集装箱号 BJYU0010186*1(1)		随附单据			

标记唛码及备注
N/M

项号	商品编号	商品名称、规格型号	数量及单位	最终目的国(地区)	单价	总价	币制	征免
1	6211391099	男士唐装 面料: 人造丝和涤沦; 颜色: 多色	16000.00 件	印度尼西亚(112)	15.50	248000.00	美元(502)	照章征税

特殊关系确认: 价格影响确认: 支付特许权使用费确认:

录入员 录入单位 李永强上海正达报关行	兹声明对以上内容承担如实申报、依法纳税之法律责任	海关批注及签章
报关人员 李永强	申报单位 (签章) 上海正达报关行	

图 7-2   出口货物报关单

（二）现场申报

报关预录入成功后，退出电子口岸界面，进入海关办事界面：

传统界面：进入业务部——业务中心，在流程图上点击"现场申报"按钮，再在弹出的窗口中选择"出口报关"业务，并提交装货单、装箱单、商业发票等票据，如图 7-3 所示。

游戏界面：在城市地图上点击"海关"建筑，进入报关大厅，再点击"出口接单征税"柜台，在弹出的窗口中选择"出口报关"业务，并提交装货单、装箱单、商业发票等票据，如图 7-3 所示。

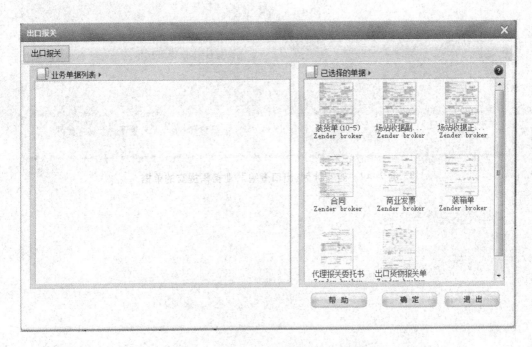

图 7-3　"出口报关"业务需提交的单据

单据提交成功后，现场申报流程至此结束。等待一段时间后，报关行将收到海关的通知。如果被抽中查验，报关行还需进行下一步骤——配合查验，否则，海关直接签发相关证明，完成通关。

（三）配合查验

只有在现场申报后收到海关的查验通知单才需要进入这一步骤。

报关行收到查验通知单后，进入海关办事界面：

传统界面：进入业务部——业务中心，在流程图上点击"配合查验"按钮，再在弹出的窗口中选择"查验计划"业务。

游戏界面：在城市地图上点击"海关"建筑，进入报关大厅，再点击"选查放行"柜台，并在弹出的窗口中选择"出口查验"业务。

选择并提交查验通知单，完成配合查验，如图 7-4 所示。

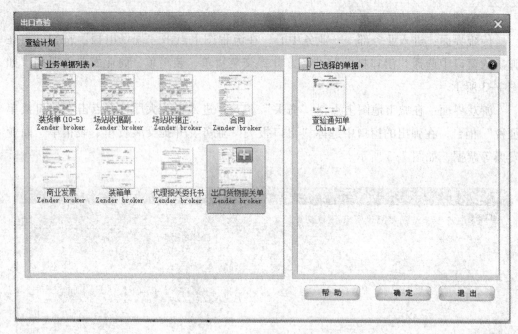

图 7-4 "查验计划/出口查验"业务需提交的单据

实验项目 8　进口报关练习——化妆品

一、实验要求

以进口报关行角色登录，进入电子口岸界面，完成进口报关预录入、申报等操作；向海关递交相关材料，完成现场申报；凭海关签发的缴款书向银行缴纳税费（如被海关抽中查验，需先配合完成查验后才能缴税）；向海关递交缴税回执，完成进口通关，并取得相关证明。

二、操作步骤

（一）进口报关预录入

（1）以进口报关行角色登录，进入电子口岸界面（两种进入方法）：

传统界面：进入业务部——业务中心，在流程图上点击"报/转关录入"，进入电子口岸界面。

游戏界面：在城市地图上点击"报关行"建筑，进入业务场景，再点击电脑，并在弹出的界面中选择"电子口岸"。

（2）登录后（密码自动代入），选择"报关申报"业务，进入系统，然后选择界面上方菜单"报关单"中的"进口报关单"业务。

（3）在打开的报关单录入/申报界面中逐项录入相关内容，录入时可参考界面最下方的填写说明。填写过程中可随时检查，填写完成后点击"暂存"按钮。

（4）依次点击界面上方的"上载""申报"按钮，将数据发送到海关。

（5）等待一段时间后（报关单状态变为"报关单审结"，报关行收到消息提示时，见图 8-1），再点击界面上方的"打印"按钮。打印成功后，即可到业务单证中查看已生成的进口货物报关单，如图 8-2 所示。

报关预录入部分至此结束。

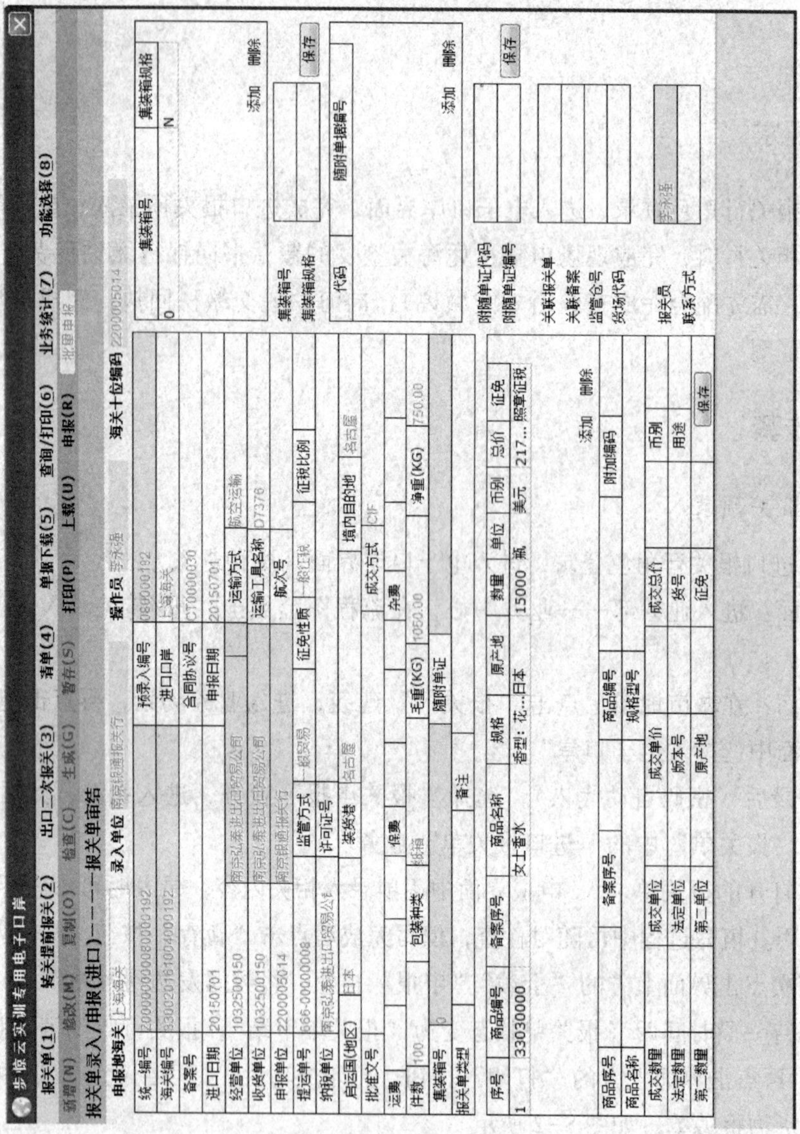

图 8-1 报关单审结界面

进口货物报关单

预录入编号：080000192　　　　　　　　海关编号：330020161004000192

收发货人	南京弘泰进出口贸易公司 1032500150	进口口岸 上海海关(2200)	进口日期 20150701	申报日期 20150701
消费使用单位	南京弘泰进出口贸易公司 1032500150	运输方式 航空运输	运输工具名称 D7376	提运单号 666-00000008
申报单位	南京银通报关行 2200005014	监管方式 一般贸易(0110)	征免性质 一般征税(101)	备案号

贸易国(地区) 日本(116)	起运国(地区) 日本(116)	装货港 名古屋(1287)	境内目的地 名古屋

许可证号	成交方式 CIF	运费 / /	保费 / /	杂费 / /

合同协议号 CT0000030	件数 100	包装种类 纸箱	毛重(千克) 1050	净重(千克) 750

集装箱号 0	随附单据

标记唛码及备注

N/M

项号	商品编号	商品名称、规格型号	数量及单位	原产国(地区)	单价	总价	币制	征免
1	3303000000	女士香水 香型：花香型，容量：50ml	15000.00瓶	日本(116)	14.50	217500.00	美元(502)	照章征税

特殊关系确认：否　　　　价格影响确认：否　　　　支付特许权使用费确认：否

录入员 录入单位 李永强 南京银通报关行	兹声明以上内容承担如实申报、依法纳税之法律责任	海关批注及签章
报关人员 李永强	申报单位（签章） 南京银通报关行	

图 8-2　进口货物报送单

（二）现场申报

报关预录入成功后，退出电子口岸界面，进入海关办事界面：

传统界面：进入业务部——业务中心，在流程图上点击"现场申报"按钮，再在弹出的窗口中选择"进口报关"业务，并提交商业发票、装箱单、航空运单等单据，如图 8-3 所示。

游戏界面：在城市地图上点击"海关"建筑，进入报关大厅，再点击"进口接单征税"柜台，在弹出的窗口中选择"进口报关"业务，并提交商业发票、装箱单、航空运单等单据，如图 8-3 所示。

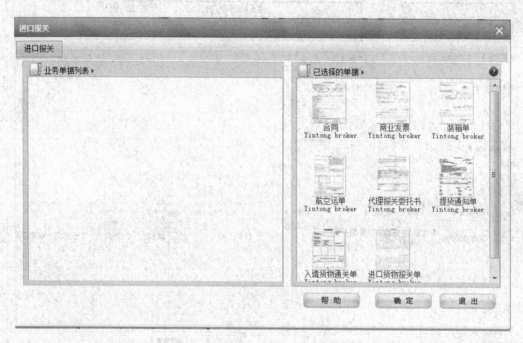

图 8-3 "进口报关"业务需提交的单据

单据提交成功后，现场申报流程至此结束。等待一段时间后，报关行将收到海关的通知。如果被抽中查验，报关行还需进行下一步骤——配合查验，否则，海关直接签发税费缴款书。

（三）配合查验

只有在现场申报后收到海关的查验通知单时才需要进入这一步骤。

报关行收到查验通知单后，进入海关办事界面：

传统界面：进入业务部——业务中心，在流程图上点击"配合查验"按钮，再在弹出的窗口中选择"查验计划"业务。

游戏界面：在城市地图上点击"海关"建筑，进入报关大厅，再点击"选查放行"柜台，并在弹出的窗口中选择"进口查验"业务。

选择并提交查验通知单，配合查验流程至此结束，如图 8-4 所示。等待一段时间后，报关行将收到海关的验放通知以及进口关税、增值税、消费税等专用缴款书。

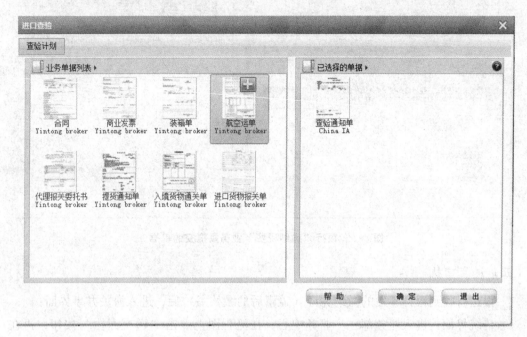

图 8-4　"查验计划/进口查验"业务需提交的单据

（四）缴纳税费

报送行收到进口关税、增值税、消费税等专用缴款书后，进入银行办事界面：

传统界面：进入业务部——业务中心，在流程图上点击"缴纳税费"按钮，再在弹出的窗口中选择"缴纳税费"业务。

游戏界面：在城市地图上点击"银行"建筑，进入银行大厅，再点击柜台，并在弹出的窗口中选择"缴纳税费"业务。

选择并提交进口关税专用缴款书、进口增值税专用缴款书、进口消费税专用缴款书（如果没有相关缴款书，说明不需要交此项费用），如图 8-5 所示，缴纳税费流程至此结束。等待一段时间后，报送行将收到通知信息与银行签发的缴纳凭证（盖章后的缴款书）。

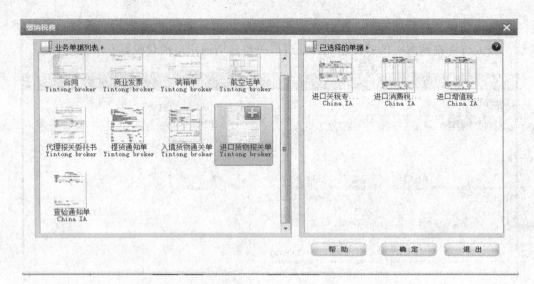

图 8-5　银行"缴纳税费"业务需提交的单据

(五)　递交回执

报送行收到银行签发的缴纳凭证（盖章后的缴款书）后，进入海关办事界面：

传统界面：进入业务部——业务中心，在流程图上点击"递交回执"按钮，再在弹出窗口中选择"缴纳税费"业务。

游戏界面：在城市地图上点击"海关"建筑，进入报关大厅，再点击"进口接单征税"柜台，并在弹出的窗口中选择"缴纳税费"业务。

选择并提交进口关税专用缴款书、进口增值税专用缴款书、进口消费税专用缴款书（如果没有相关缴款书，说明不需要交此项费用），如图 8-6 所示，完成税费的缴纳。

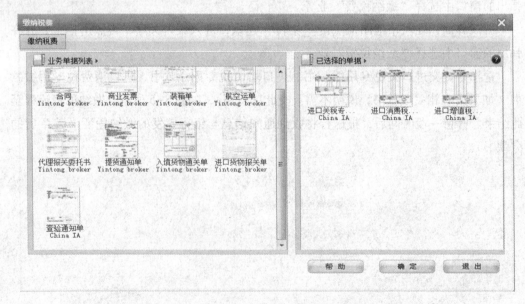

图 8-6　海关"缴纳税费"业务需提交的单据

实验项目 9　申请加工贸易业务批准证练习

一、实验要求

请以进口商角色进入，填制加工贸易业务批准证申请表、进口料件申请备案清单、出口成品申请备案清单及成品对应料件单耗备案清单等，并向外经贸局申请办理加工贸易业务批准证。

二、操作步骤

（一）填制相关单据

（1）进入【业务详情】页面。

（2）添加加工贸易业务批准证申请表、进口料件申请备案清单、出口成品申请备案清单、成品对应料件单耗备案清单并进行填写（填写完成后点击左边的"！"号进行检查，如果单据标题处显示绿色的"√"，说明填写通过，可以使用）。

（二）申请加工贸易业务批准证

（1）进入"外经贸局"：

方法 1：进入【业务流程】页面，点击"进口许可证件"，进入外经贸局界面，再点击"加工贸易批准证"按钮。

方法 2：进入【业务办理】页面，点击"外经贸局"建筑，进入办事大厅，再点击柜台，选择"加工贸易批准证"业务。

（2）选择并提交加工贸易业务批准证申请表（见图 9-1）、进口料件申请备案清单（见图 9-2）、出口成品申请备案清单（见图 9-3）、成品对应料件单耗备案清单（见图 9-4）、加工贸易企业经营状况、加工贸易企业生产能力证明、合同（原料）、合同（成品）、委托加工协议、对外贸易经营者备案登记表，完成加工贸易业务批准证的申请。

加工贸易业务批准证申请表

1. 经营企业名称 昆明华丰贸易有限公司		2. 加工企业名称 中国海德实业公司		
3. 经营企业地址 中国昆明市滇池路白骏大厦 联系人：王英　　　　电话：86-871-3165618		4. 加工企业地址 上海市黄浦路1号 联系人：李正海　　　　电话：021-88652021		
5. 经营企业类型　　有限公司 　经营企业编码：　208710115		6. 加工企业类型　　有限公司 　加工企业编码：　200004282		
7. 加工贸易类型 进料加工		8. 来料加工项目协议号：		
进料加工	9. 进口合同号： CT0000095	来料加工	10. 合作外商：	
	11. 出口合同号： CT0000096		12. 合同号：	
	13. 客供辅料合同号：		14. 加工费（美元）：	
15. 进口主要料件： 可可豆		16. 出口主要制成品： 巧克力		
17. 进口料件总值（美元）： 30096.00		18. 出口制成品总值（美元）： 132000.00		
19. 进口口岸： 上海		20. 出口口岸： 上海		
21. 出口制成品返销截至日期：		22. 加工地主管海关： 上海海关		
23. 加工企业生产能力审查单位：		24. 经营企业银行基本账户号： 204500000000001045		
25. 国产料件总值（美元）：		26. 深加工 结转金额	转入（美元）	
			转出（美元）	
27. 选项说明： （ √ ）1. 本合同项下产品不涉及地图内容，不属于音像制品、印刷品。 （　 ）2. 本合同项下产品涉及地图内容，已取得国家测检局批准文件。 （　 ）3. 本合同项下产品属于音像制品、印刷品，已取得省级新闻出版行政机关批准文件。		29. 备注：	30. 经办人： 审核： 签发： 日期： （此栏由审批机关使用）	
28. 申请人申明：企业的生产经营和所加工产品符合国家法律、法规的规定。				

图 9-1　加工贸易业务批准证申请表

进口料件申请备案清单

经营单位：昆明华丰贸易有限公司　　　　　　　　　　　　　　　　　　　进口合同：CT0000095

序号	商品编码	商品名称	规格型号	数量	单位	单价	总价	币制	原产国
1	1801000000	可可豆	储藏方法：冷藏，规格：12千克/箱	1368	箱	22.00	30096.00	USD	印度尼西亚

图 9-2　进口料件申请备案清单

出口成品申请备案清单

经营单位：昆明华丰贸易有限公司　　　　　　　　　　　　　　　　　　　出口合同：CT0000096

序号	商品编码	商品名称	规格型号	产销国	数量	单位	单价	总价(币制)	加工费(币制)
1	1806320000	巧克力	配料：可可脂，可可固形物，天然香草，奶粉；规格：250克/盒	中国	33000	盒	4.00	132000.00 USD	247500.00 CNY

图 9-3　出口成品申请备案清单

成品对应料件单耗备案清单

料件序号	进口料件品名	成品(1)		成品(2)		成品(3)		成品(4)	
		单耗/净耗	损耗(%)	单耗/净耗	损耗(%)	单耗/净耗	损耗(%)	单耗/净耗	损耗(%)
1	可可豆	0.0290	30.0000						

图 9-4　成品对应料件单耗备案清单

实验项目 10　备案资料库录入练习

一、实验要求

请以进口报关行角色登录，进入电子口岸界面，完成备案资料库录入、电子申报等操作。

二、操作步骤

（1）以进口报关行角色登录，进入电子口岸界面（两种进入方法）：

<u>传统界面</u>：进入业务部——业务中心，在流程图上点击"备案资料库"，进入电子口岸界面。

<u>游戏界面</u>：在城市地图上点击"报关行"建筑，进入业务场景，再点击电脑，并在弹出的界面中选择"电子口岸"。

（2）登录后（密码自动代入），选择"无纸化手册"业务，进入系统，然后选择界面上方菜单"备案资料库"中的"备案资料库备案"业务。

（3）在打开的界面中逐项录入相关内容，包含"基本信息"（见图10-1）、"料件表"（见图10-2）、"成品表"（见图10-3）3个界面。录入时可参考界面最下方的填写说明。填写过程中可随时检查，填写完成后点击"暂存"按钮（必须在"基本信息"界面点击"暂存"按钮，其他界面点击"保存"按钮即可）。

（4）点击界面上方的"申报"按钮，将数据发送到海关。

（5）等待一段时间后，报关行将收到消息提示，即备案资料库审核通过。

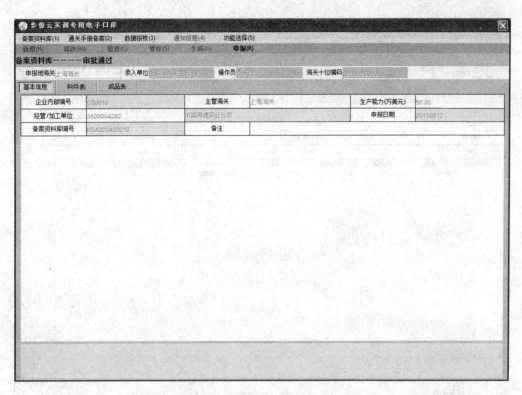

图 10-1 "基本信息"界面

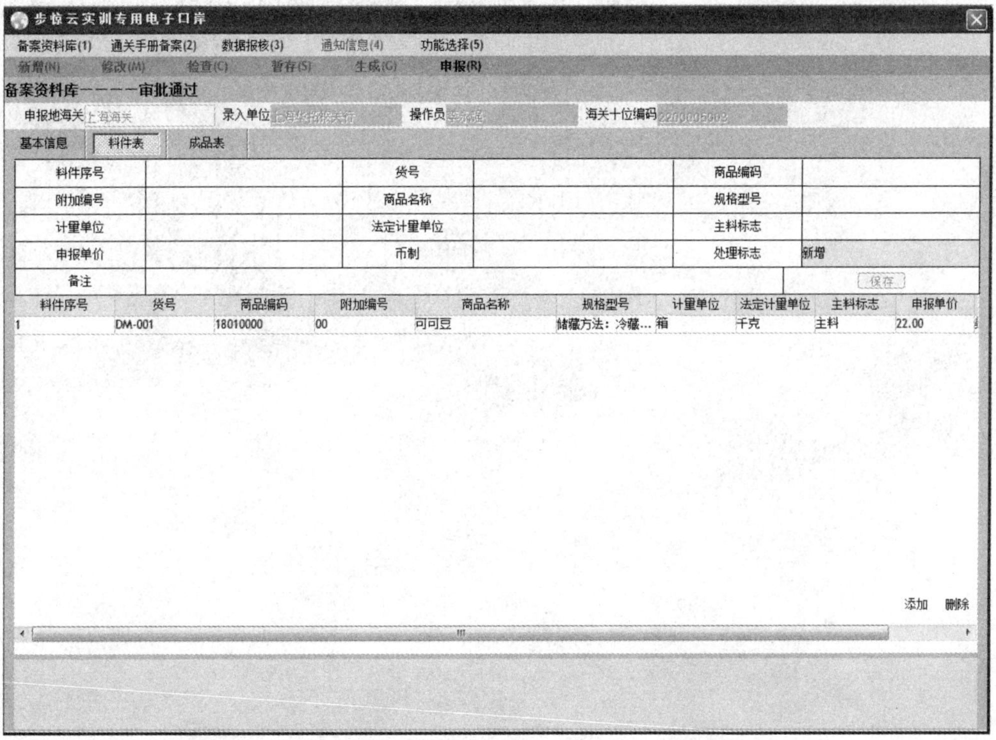

图 10-2 "料件表"界面

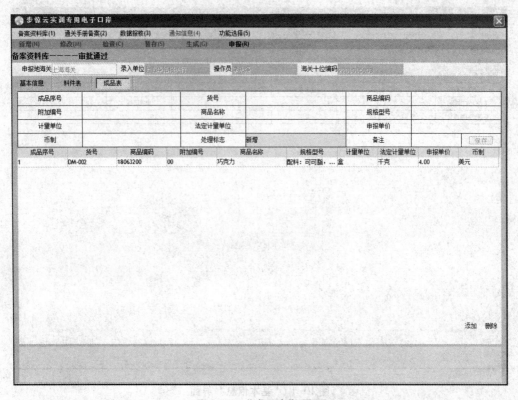

图 10-3 "成品表"界面

实验项目 11　通关手册备案录入练习

一、实验要求

请以进口报关行角色登录，进入电子口岸界面，完成手册备案录入、电子申报及打印等操作。

二、操作步骤

（1）以进口报关行角色登录，进入电子口岸界面（两种进入方法）：

传统界面：进入业务部——业务中心，在流程图上点击"手册备案"，进入电子口岸界面。

游戏界面：在城市地图上点击"报关行"建筑，进入业务场景，再点击电脑，并在弹出的界面中选择"电子口岸"。

（2）登录后（密码自动代入），选择"无纸化手册"业务，进入系统，然后选择界面上方菜单"通关手册备案"中的"通关手册备案"业务。

（3）在打开的界面中逐项录入相关内容，包含"基本信息"（见图11-1）、"料件表"（见图11-2）、"成品表"（见图11-3）、"单损耗表"（见图11-4）4个界面。录入时可参考界面最下方的填写说明。填写过程中可随时检查，填写完成后点击"暂存"按钮（必须在"基本信息"界面点击"暂存"按钮，其他界面点击"保存"按钮即可）。

（4）点击界面上方的"申报"按钮，将数据发送到海关。

（5）等待一段时间后，报关行将收到消息提示，即手册备案录入审核通过，再点击界面上方的"打印"按钮。打印成功后，即可到业务单据中查看已生成的备案预录入、进口料件备案、出口成品备案、单耗备案等呈报表。

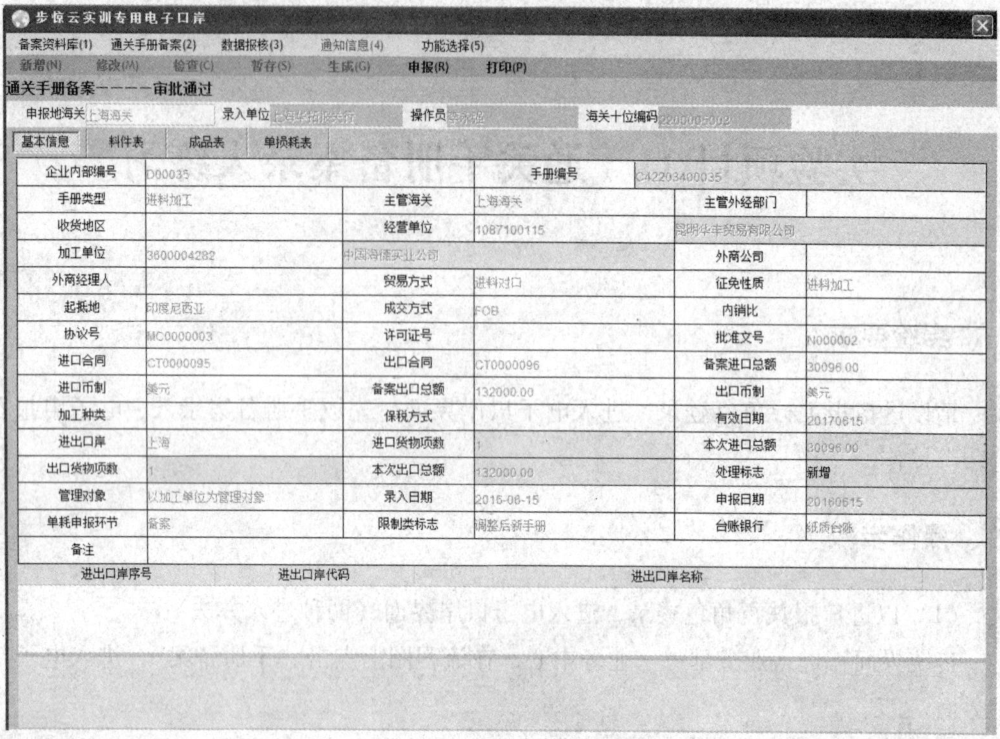

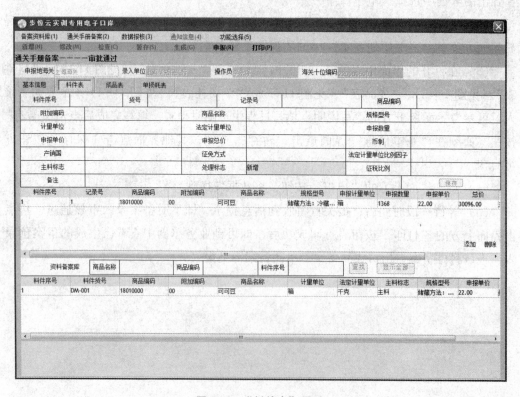

图 11-1 "基本信息"界面

图 11-2 "料件表"界面

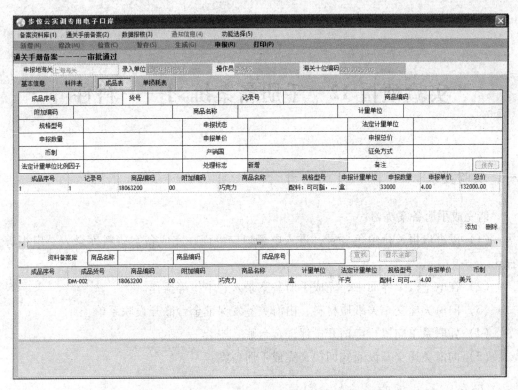

图 11-3 "成品表"界面

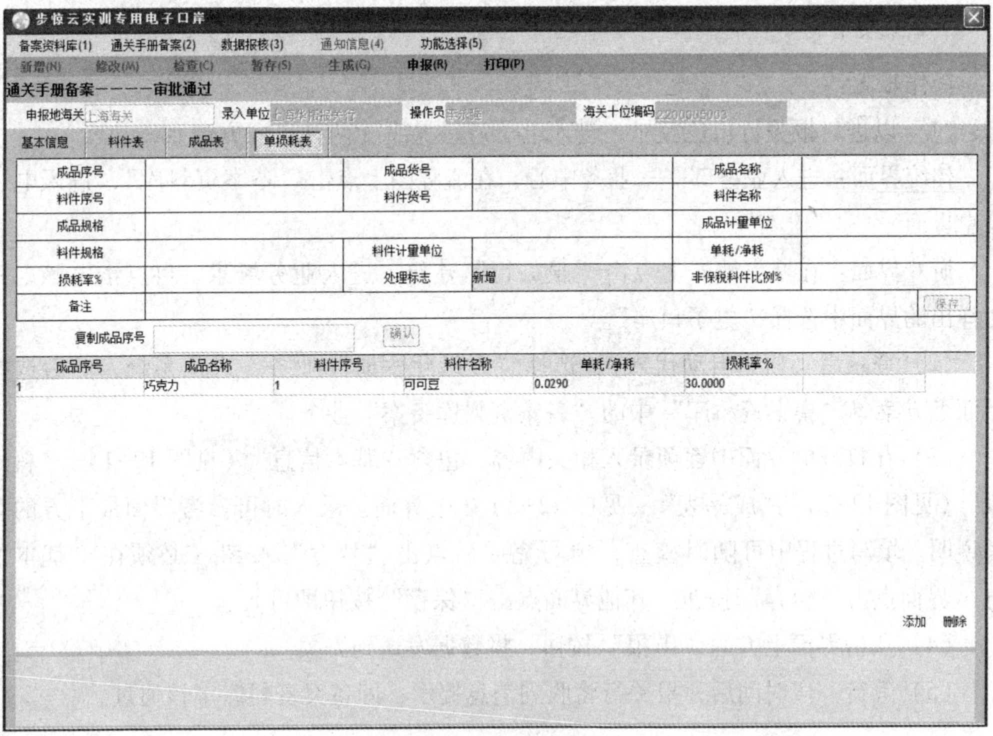

图 11-4 "单损耗表"界面

实验项目 12　手册备案练习——料件

一、实验要求

请完成手册备案练习。

（1）以进口报关行角色登录，进入电子口岸界面，完成备案资料库录入、申报等操作。

（2）在电子口岸界面中，完成手册备案录入、申报等操作。

（3）向海关递交相关纸质材料，由海关签发保证金台账开设联系单。

（4）凭联系单向银行申请开设保证金台账。

（5）向海关递交开设通知回执，完成手册备案。

二、操作步骤

（一）备案资料库

操作步骤：

（1）以进口报关行角色登录，进入电子口岸界面（两种进入方法）：

<u>传统界面</u>：进入业务部——业务中心，在流程图上点击"备案资料库"，进入电子口岸界面。

<u>游戏界面</u>：在城市地图上点击"报关行"建筑，进入业务场景，再点击电脑，并在弹出的界面中选择"电子口岸"。

（2）登录后（密码自动代入），选择"无纸化手册"业务，进入系统，然后选择界面上方菜单"备案资料库"中的"备案资料库备案"业务。

（3）在打开的界面中逐项录入相关内容，包含"基本信息"（见图 12-1）、"料件表"（见图 12-2）、"成品表"（见图 12-3）3 个界面。录入时可参考界面最下方的填写说明。填写过程中可随时检查，填写完成后点击"暂存"按钮（必须在"基本信息"界面点击"暂存"按钮，其他界面点击"保存"按钮即可）。

（4）点击界面上方的"申报"按钮，将数据发送到海关。

（5）等待一段时间后，报关行将收到消息提示，即备案资料库审核通过。

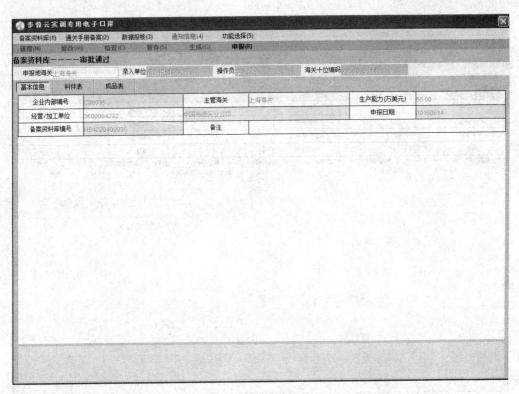

图 12-1　"基本信息"界面

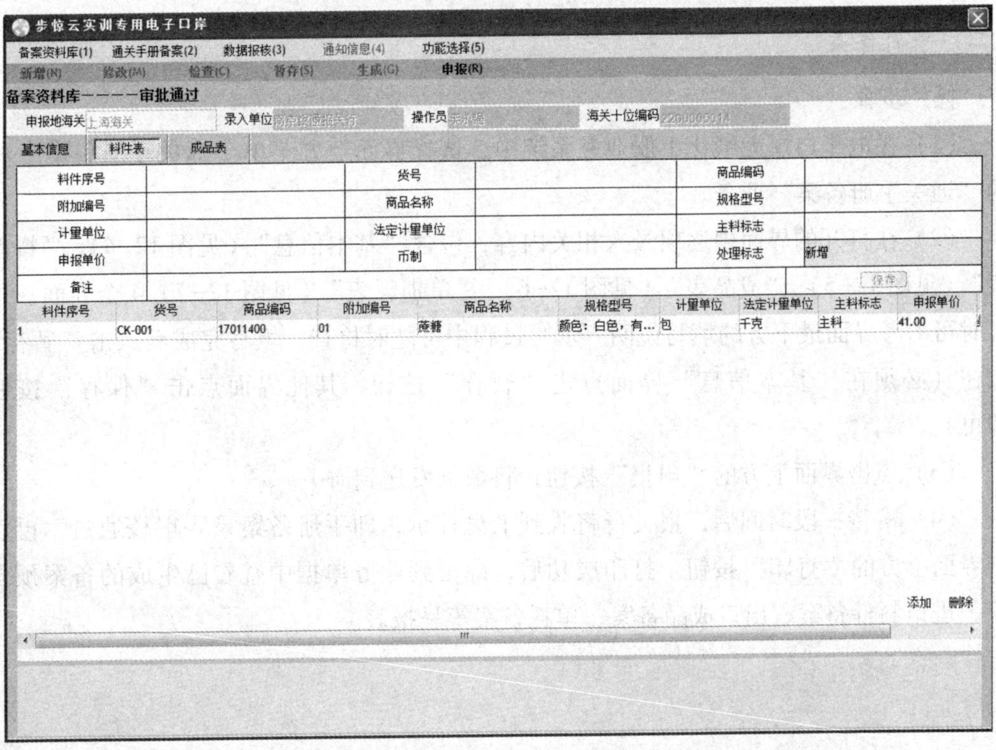

图 12-2　"料件表"界面

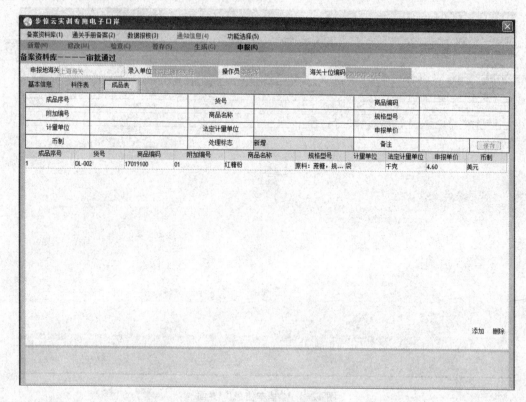

图 12-3 "成品表"界面

(二) 手册备案

操作步骤:

(1) 在电子口岸无纸化手册业务系统中,选择界面上方菜单"通关手册备案"中的"通关手册备案"业务。

(2) 在打开的界面中逐项录入相关内容,包含"基本信息"(见图 12-4)、"料件表"(见图 12-5)、"成品表"(见图 12-6)、"单损耗表"(见图 12-7)4 个界面。录入时可参考界面最下方的填写说明。填写过程中可随时检查,填写完成后点击"暂存"按钮(必须在"基本信息"界面点击"暂存"按钮,其他界面点击"保存"按钮即可)。

(3) 点击界面上方的"申报"按钮,将数据发送到海关。

(4) 等待一段时间后,报关行将收到消息提示,即手册备案录入审核通过,再点击界面上方的"打印"按钮。打印成功后,即可到业务单据中查看已生成的备案预录入、进口料件备案、出口成品备案、单耗备案等呈报表。

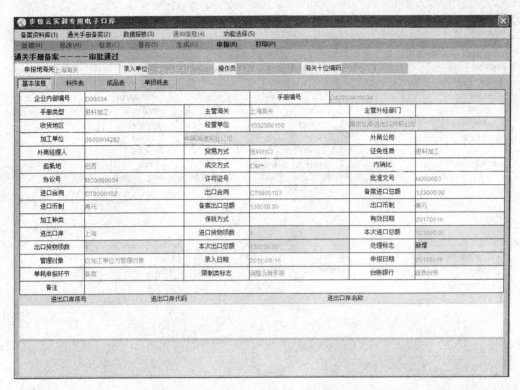

图 12-4 "基本信息" 界面

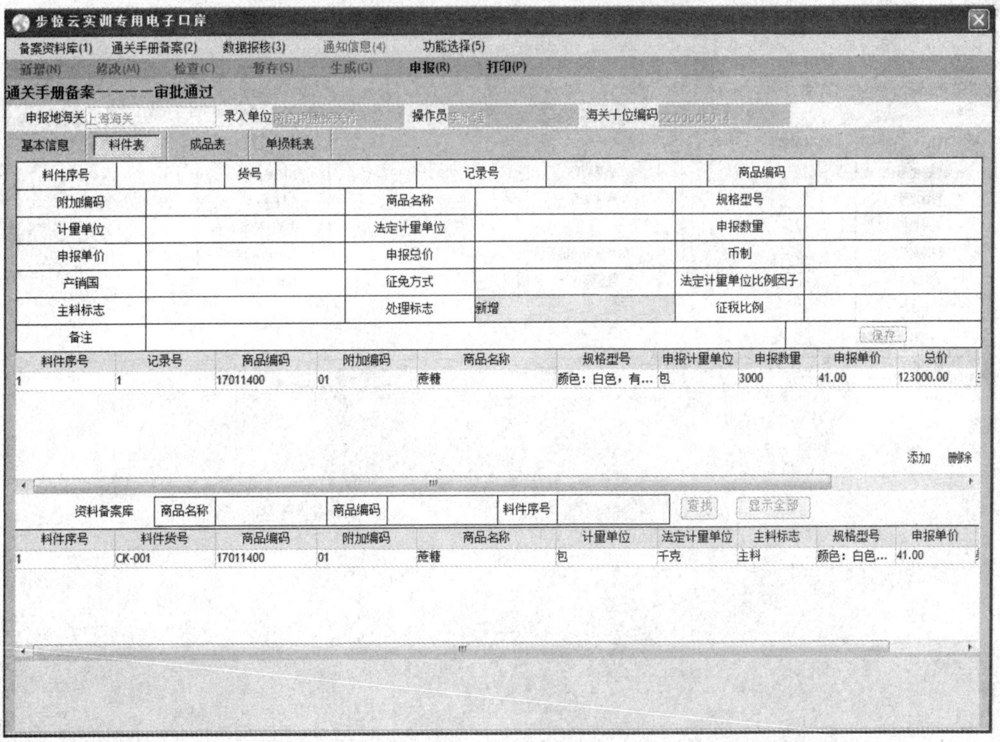

图 12-5 "料件表" 界面

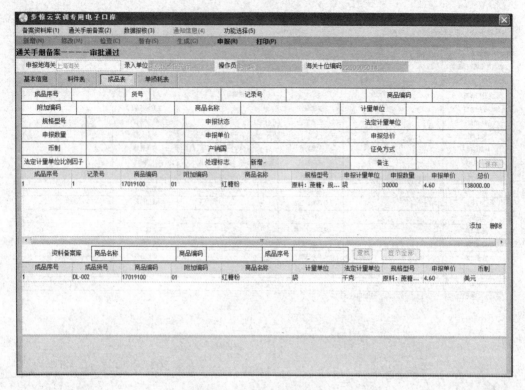

图 12-6 "成品表" 界面

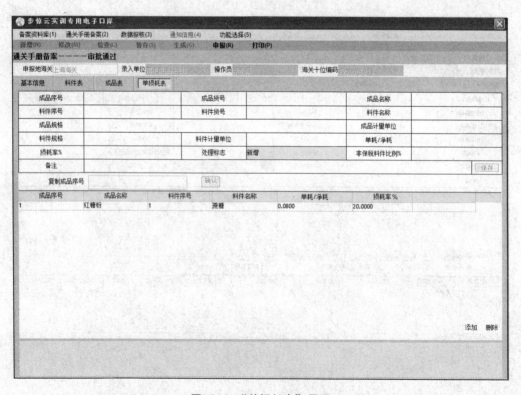

图 12-7 "单损耗表" 界面

（三）递交材料

操作步骤：

（1）手册备案审核通过后，退出电子口岸界面，进入业务单证界面：

<u>传统界面</u>：进入业务部——业务单证界面。

<u>游戏界面</u>：在城市地图上点击"报关行"建筑，进入报关行办公室，然后点击左边的文件柜，进入业务单证界面。

（2）添加"加工贸易单耗申报单"并进行填写。

（3）进入海关办事界面：

<u>传统界面</u>：进入业务部——业务中心，在流程图上点击手册备案下的"递交材料"按钮，再在弹出的窗口中选择"手册备案"业务。

<u>游戏界面</u>：在城市地图上点击"海关"建筑，进入报关大厅，再点击"手册备案"柜台，并在弹出的窗口中选择"手册备案"业务。

（4）选择并提交合同（进口）、合同（出口成品）、加工贸易业务批准证、进口料件申请备案清单、出口成品申请备案清单、成品对应料件单耗备案清单、加工贸易企业经营状况、加工贸易企业生产能力证明、代理报关委托书、委托加工协议、备案预录入呈报表、进口料件备案呈报表、出口成品备案呈报表、单耗备案呈报表、加工贸易单耗申报单（见图12-8）、进口许可证（商品监管条件含"1"时需提交）、自动进口许可证（商品监管条件含"v"时需提交），递交材料流程至此结束。等待一段时间后，报关行将收到海关签发的保证金台账开设联系单。

加工贸易单耗申报单

[共 1 页第 1 页]

企业名称	南京弘泰进出口贸易公司		企业编码	203250150	手册（电子底账）编号	C42203400034		
申报环节	☑备案	□成品出口前	□深加工结转前	□内销前	□报核前			
成品	项号	1		版本号		商品编码	1701910001	
	商品名称	红糖粉		计量单位	袋	规格型号	原料：蔗糖，规格：400克/袋	
料件	项号	商品编码	商品名称	计量单位	规格型号	单耗/净耗	损耗率%	非保税料件比例%
	1	1701140001	蔗糖	包	颜色：白色，有效期：两年，纯度：99.9%，规格：5千克/包	0.0800	20.0000	0.00

注：若"单耗/净耗"栏申报内容为净耗，则需申报相应损耗率数据；若"单耗/净耗"栏申报内容为单耗，则不必重复申报损耗率数据，损耗率栏应为空。

经办人（签字）：汤玉文　　申报日期：2016-08-16　　联系电话：86-25-52416988　　企业印章：

图12-8　加工贸易单耗申报单

（四）开设台账

报关行收到保证金台账开设联系单后，进入银行办事界面：

<u>传统界面</u>：进入业务部——业务中心，在流程图上点击"开设台账"按钮，再在弹出的窗口中选择"开设台账"业务。

<u>游戏界面</u>：在城市地图上点击"银行"建筑，进入银行大厅，再点击柜台，并在弹出的窗口中选择"开设台账"业务。

选择并提交保证金台账开设联系单，开设台账流程至此结束。等待一段时间后，报关行将收到银行签发的保证金台账登记通知单。

（五）递交回执

报关行收到银行签发的保证金台账登记通知单后，进入海关办事界面：

<u>传统界面</u>：进入业务部——业务中心，在流程图上点击手册备案下的"递交回执"按钮，再在弹出的窗口中选择"台账开设"业务。

<u>游戏界面</u>：在城市地图上点击"海关"建筑，进入报关大厅，再点击"手册备案"柜台，并在弹出的窗口中选择"台账开设"业务。

选择并提交保证金台账登记通知单，完成台账的开设。

实验项目 13　进口报关练习——料件

一、实验要求

请完成进口报关练习。

（1）以进口报关行角色登录，进入电子口岸界面，完成进口报关预录入、申报等操作。

（2）向海关递交相关材料，完成现场申报。

（3）完成进口通关，并取得相关证明（如被海关抽中查验，需先配合查验才能通关）。

二、操作步骤

（一）进口报关预录入

操作步骤：

（1）以进口报关行角色登录，进入电子口岸界面（两种进入方法）：

传统界面：进入业务部——业务中心，在流程图上点击"报/转关录入"，进入电子口岸界面。

游戏界面：在城市地图上点击"报关行"建筑，进入业务场景，再点击电脑，并在弹出的界面中选择"电子口岸"。

（2）登录后（密码自动代入），选择"报关申报"业务，进入系统，然后再选择界面上方菜单"报关单"中的"进口报关单"业务。

（3）在打开的报关单录入/申报界面中逐项录入相关内容，录入时可参考界面最下方的填写说明。填写过程中可随时检查，填写完成后点击"暂存"按钮。

（4）依次点击界面上方的"上载""申报"按钮，将数据发送到海关。

（5）等待一段时间后（报关单状态变为"报关单审结"，报关行收到消息提示时，见图 13-1），再点击界面上方的"打印"按钮。打印成功后，即可到业务单证中查看已生成的进口货物报关单，如图 13-2 所示。

报关预录入部分至此结束。

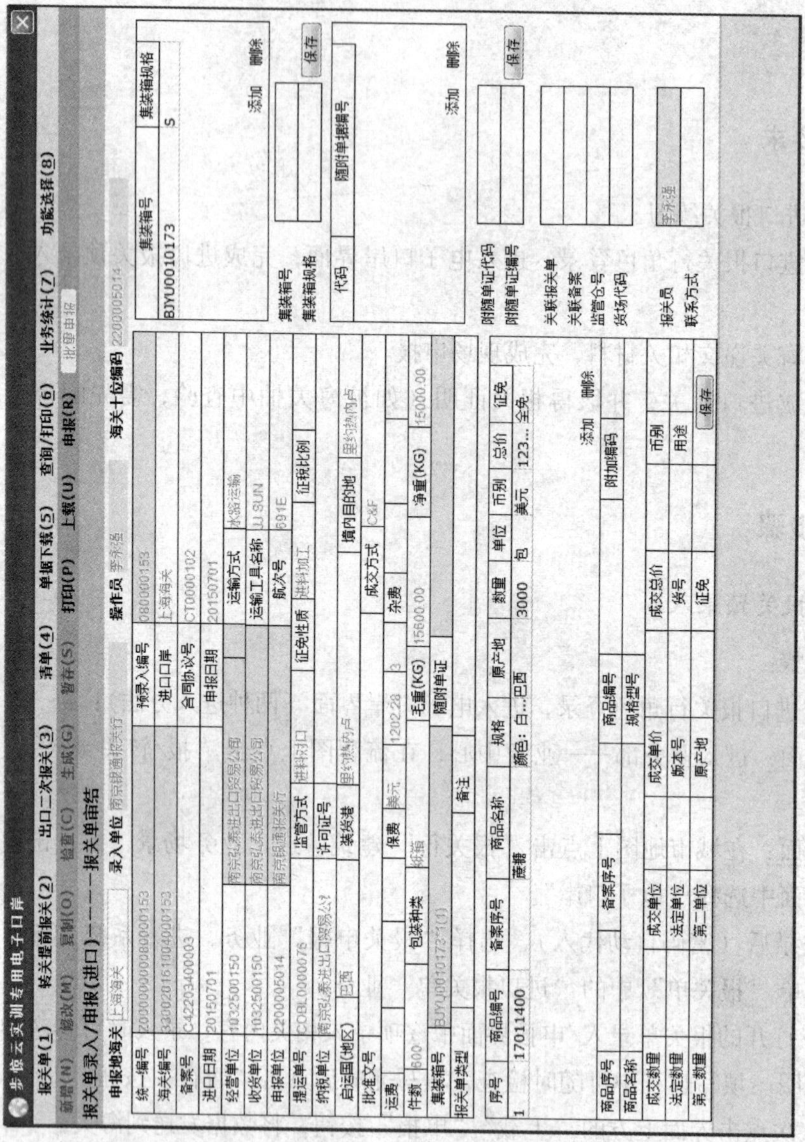

图 13-1 报关单审结界面

进料加工专用

海关进口货物报关单

预录入编号：080000153　　　海关编号：3300201610004000153

收发货人	南京弘泰进出口贸易公司 1032500150	进口口岸 上海海关(2200)	进口日期 20150701	申报日期 20150701
消费使用单位	南京弘泰进出口贸易公司 1032500150	运输方式 水路运输	运输工具名称 JJ SUN	提运单号 COBL0000076
申报单位	南京银通报关行 2200005014	监管方式 进料对口(0615)	征免性质 进料加工(503)	备案号 C42203400003

贸易国(地区) 巴西(410)	起运国（地区） 巴西(410)	装货港 里约热内卢(2754)	境内目的地 里约热内卢

许可证号	成交方式 C&F	运费 / /	保费 502 /1202.28 /3	杂费 / /

合同协议号 CT0000102	件数 600	包装种类 纸箱	毛重(千克) 15600	净重(千克) 15000

集装箱号　BJYU0010173*1(1)　　随附单据

标记唛码及备注

N/M

项号	商品编号	商品名称、规格型号	数量及单位	原产国(地区)	单价	总价	币制	征免

特殊关系确认：否　　　　价格影响确认：否　　　　支付特许权使用费确认：否

录入员 录入单位 李永强南京银通报关行	兹声明对以上内容承担如实申报、依法纳税之法律责任	海关批注及签章
报关人员 李永强	申报单位（签章） 南京银通报关行	

图 13-2　进口货物报关单（进料加工专用）

（二）现场申报

报关预录入成功后，退出电子口岸界面，进入海关办事界面：

传统界面： 进入业务部——业务中心，在流程图上点击"现场申报"按钮，再在弹出的窗口中选择"进口报关"业务，并提交海运提单、商业发票、装箱单等单据，如图 13-3 所示。

游戏界面： 在城市地图上点击"海关"建筑，进入报关大厅，再点击"进口接单征税"柜台，在弹出的窗口中选择"进口报关"业务，并提交海运提单、商业发票、装箱单等单据，如图 13-3 所示。

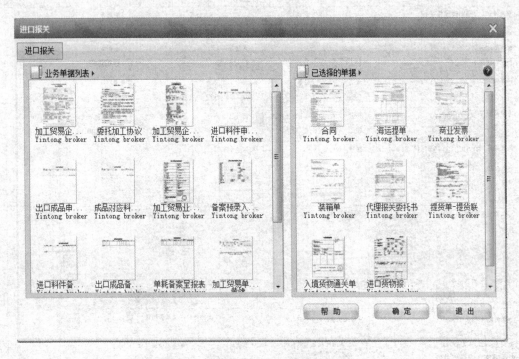

图 13-3 "进口报关"业务需提交的单据

单据提交成功后，现场申报流程至此结束。等待一段时间后，报关行将收到海关的通知。如果被抽中查验，报关行还需进行下一步骤——配合查验，否则，海关直接签发税费缴款书。

实验项目 14　出口报关练习——成品

一、实验要求

请完成出口报关练习。

（1）以出口报关行角色登录，进入电子口岸界面，完成出口报关预录入、申报等操作。

（2）向海关递交相关材料，完成现场申报。

（3 完成出口通关，并取得相关证明（如被海关抽中查验，需先配合查验才能通关）。

二、操作步骤

（一）出口报关预录入

操作步骤：

（1）以出口报关行角色登录，进入电子口岸界面（两种进入方法）：

传统界面：进入业务部——业务中心，在流程图上点击"报/转关录入"，进入电子口岸界面。

游戏界面：在城市地图上点击"报关行"建筑，进入业务场景，再点击电脑，并在弹出的界面中选择"电子口岸"。

（2）登录后（密码自动代入），选择"报关申报"业务，进入系统，然后选择界面上方菜单"报关单"中的"出口报关单"业务。

（3）在打开的报关单录入/申报界面中逐项录入相关内容，录入时可参考界面最下方的填写说明。填写过程中可随时检查，填写完成后点击"暂存"按钮。

（4）依次点击界面上方的"上载""申报"按钮，将数据发送到海关。

（5）等待一段时间后（报关单状态变为"报关单审结"，报关行收到消息提示时，见图 14-1），再点击界面上方的"打印"按钮。打印成功后，即可到业务单证中查看已生成的出口货物报关单。

报关预录入部分至此结束。

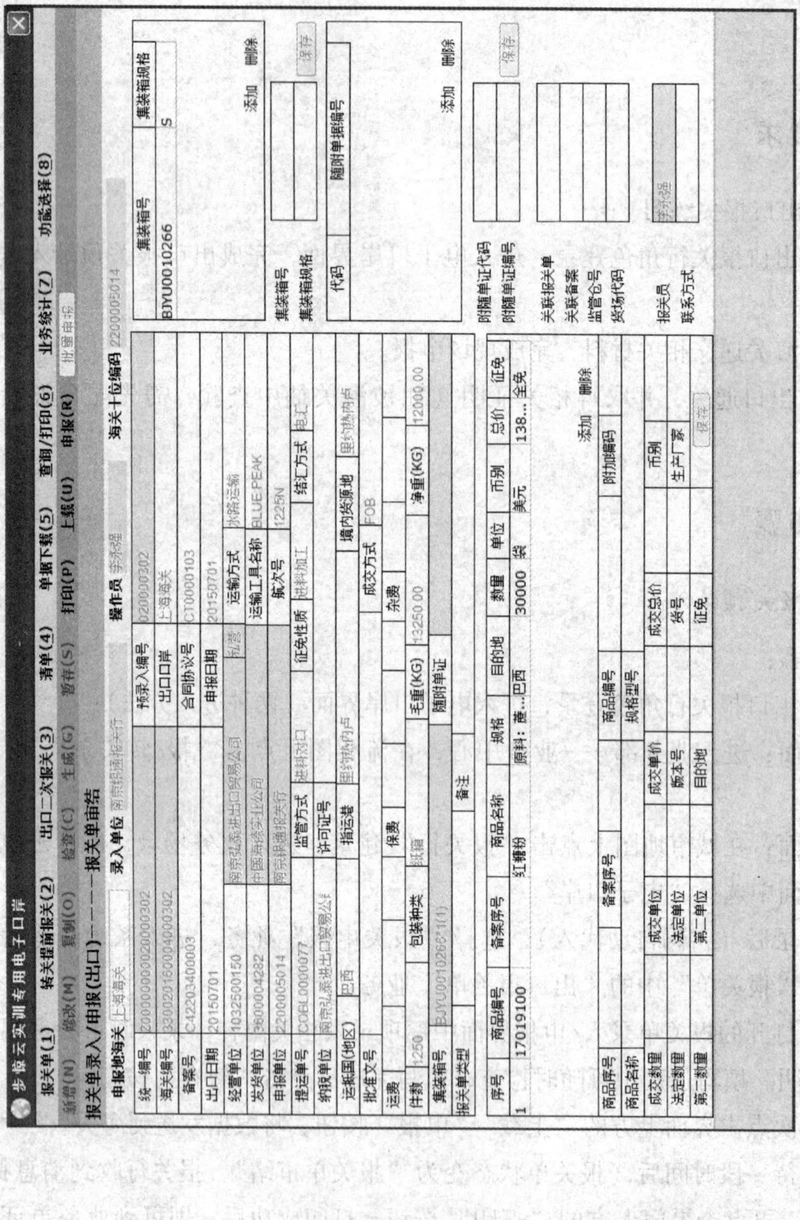

图 14-1 报关单审结界面

（二）现场申报

报关预录入成功后，退出电子口岸界面，进入海关办事界面：

传统界面：进入业务部——业务中心，在流程图上点击"现场申报"按钮，再在弹出的窗口中选择"出口报关"业务，并提交商业发票、装货单、装箱单等单据，如图 14-2 所示。

游戏界面：在城市地图上点击"海关"建筑，进入报关大厅，再点击"出口接单征税"柜台，在弹出的窗口中选择"出口报关"业务，并提交商业发票、装货单、装箱单等单据，如图 14-2 所示。

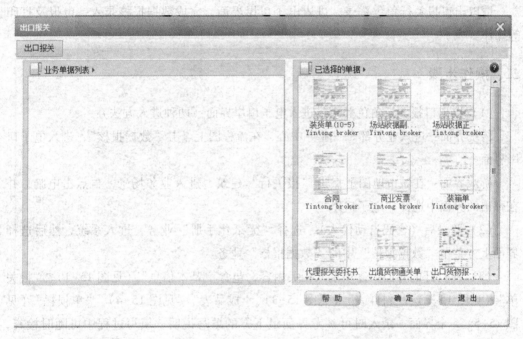

图 14-2 "出口报关"业务需提交的单据

单据提交成功后，现场申报流程至此结束。等待一段时间后，报关行将收到海关的通知。如果被抽中查验，报关行还需进行下一步骤——配合查验，否则，海关直接签发相关证明，完成通关。

实验项目 15　数据报核录入练习

一、实验要求

请以出口报关行角色登录，进入电子口岸界面，完成数据报核录入、申报及打印等操作。

二、操作步骤

（1）以出口报关行角色登录，进入电子口岸界面（两种进入方法）：

传统界面：进入业务部——业务中心，在流程图上点击"数据报核"，进入电子口岸界面。

游戏界面：在城市地图上点击"报关行"建筑，进入业务场景，再点击电脑，并在弹出的界面中选择"电子口岸"。

（2）登录后（密码自动代入），选择"无纸化手册"业务，进入系统，然后选择界面上方菜单"数据报核"中的"数据报核"业务。

（3）在打开的界面中逐项录入相关内容，包含"基本信息"（见图 15-1）、"报关单"（见图 15-2）、"料件表"（见图 15-3）、"成品表"（见图 15-4）、"单损耗"（见图 15-5）5 个界面。录入时可参考界面最下方的填写说明。填写过程中可随时检查，填写完成后点击"暂存"按钮（必须在"基本信息"界面点击"暂存"按钮，其他界面点击"保存"按钮即可）。

（4）点击界面上方的"申报"按钮，将数据发送到海关。

（5）等待一段时间后，报关行将收到消息提示，即数据报核审核通过，再点击界面上方的"打印"按钮。打印成功后，即可到业务单据中查看已生成的核销预录入、报关单报核、进口料件报核、出口成品报核、单耗报核等呈报表。

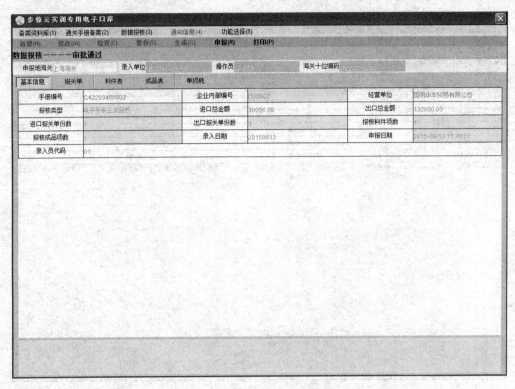

图 15-1　"基本信息"界面

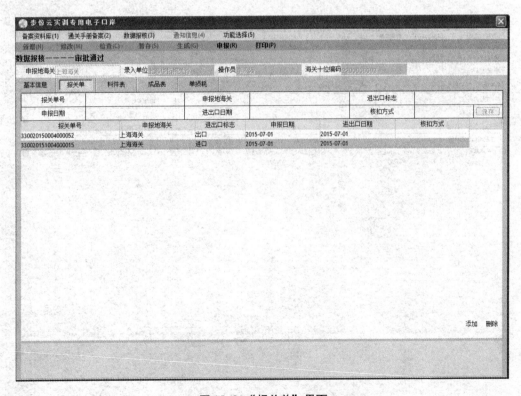

图 15-2　"报关单"界面

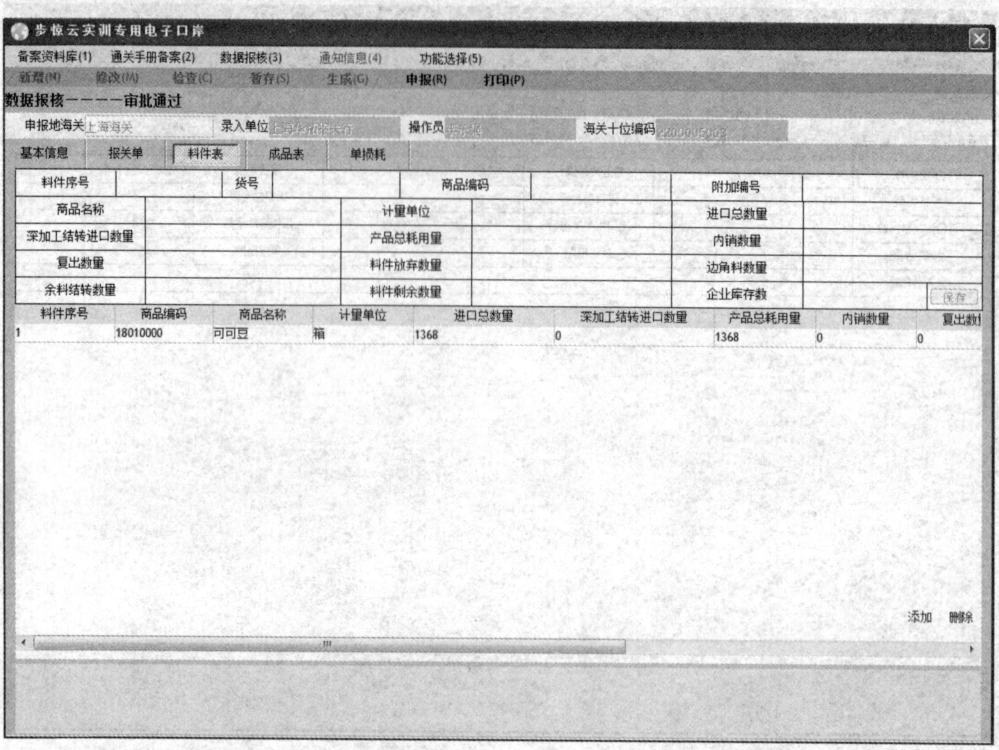

图 15-3 "料件表"界面

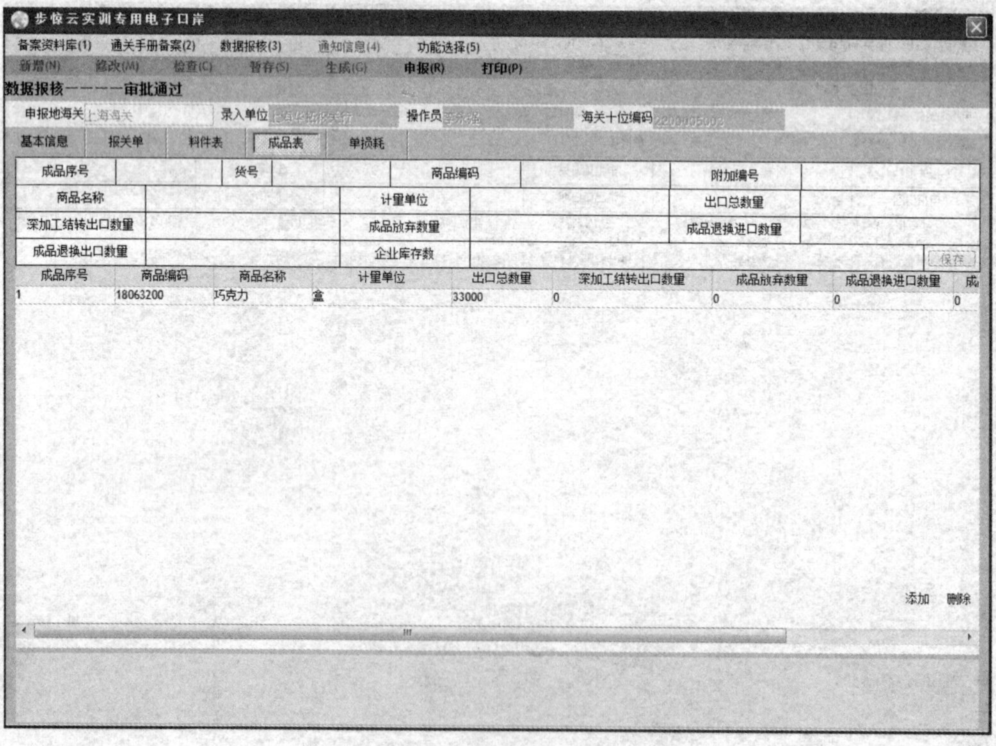

图 15-4 "成品表"界面

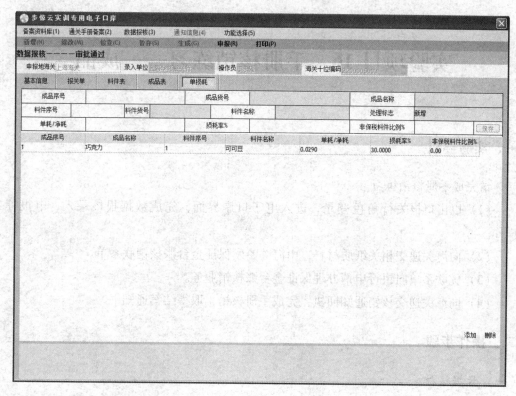

图 15-5 "单损耗"界面

实验项目 16 手册核销练习——成品

一、实验要求

请完成手册核销练习。

（1）以出口报关行角色登录，进入电子口岸界面，完成数据报核录入、申报等操作。

（2）向海关递交相关纸质材料，由海关签发保证金台账核销联系单。

（3）凭联系单向银行申请办理保证金台账核销业务。

（4）向海关递交核销通知回执，完成手册核销，取得结案通知书。

二、操作步骤

（一）数据报核

操作步骤：

（1）以出口报关行角色登录，进入电子口岸界面（两种进入方法）：

传统界面：进入业务部——业务中心，在流程图上点击"数据报核"，进入电子口岸界面。

游戏界面：在城市地图上点击"报关行"建筑，进入业务场景，再点击电脑，并在弹出的界面中选择"电子口岸"。

（2）登录后（密码自动代入），选择"无纸化手册"业务，进入系统，然后选择界面上方菜单"数据报核"中的"数据报核"业务。

（3）在打开的界面中逐项录入相关内容，包含"基本信息"（见图16-1）、"报关单"（见图16-2）、"料件表"（见图16-3）、"成品表"（见图16-4）、"单损耗"（见图16-5）5个界面。录入时可参考界面最下方的填写说明。填写过程中可随时检查，填写完成后点击"暂存"按钮（必须在"基本信息"界面点击"暂存"按钮，其他界面点击"保存"按钮即可）。

（4）点击界面上方的"申报"按钮，将数据发送到海关。

（5）等待一段时间后，报关行将收到消息提示，即数据报核审核通过，再点击界面上方的"打印"按钮。打印成功后，即可到业务单据中查看已生成的核销预录入、报关单报核、进口料件报核、出口成品报核、单耗报核等呈报表。

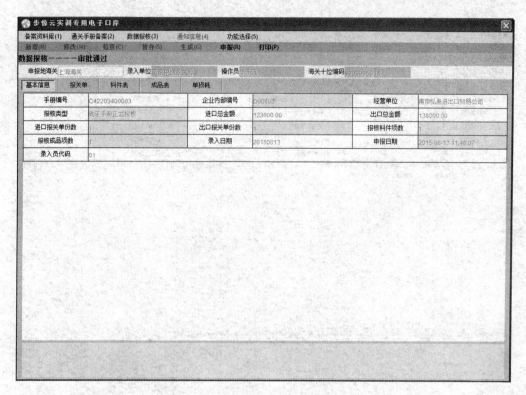

图 16-1 "基本信息"界面

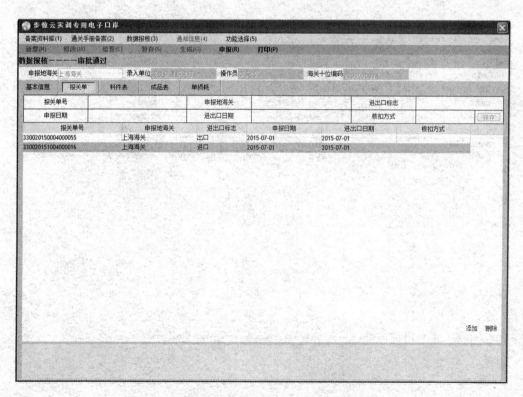

图 16-2 "报关单"界面

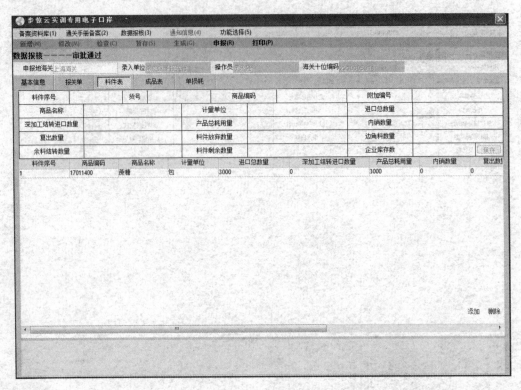

图 16-3 "料件表"界面

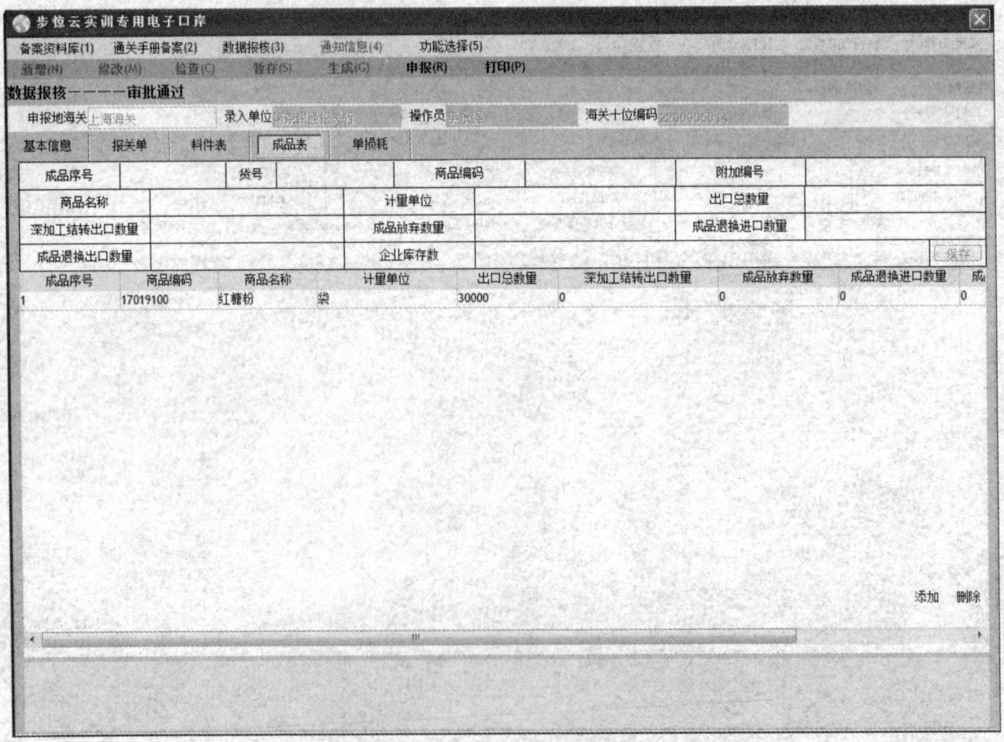

图 16-4 "成品表"界面

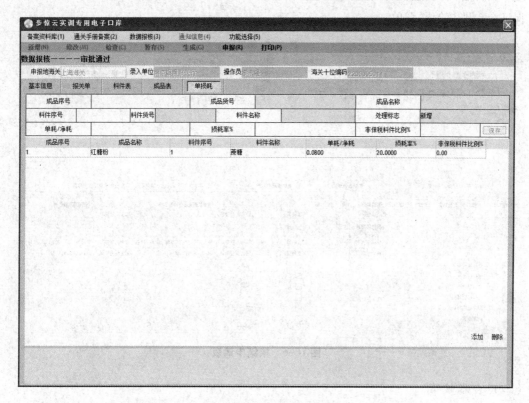

图 16-5 "单损耗"界面

（二）递交材料

操作步骤：

（1）数据报核审核通过后，退出电子口岸界面，进入业务单证界面；

<u>传统界面</u>：进入业务部——业务单证界面。

<u>游戏界面</u>：在城市地图上点击"报关行"建筑，进入报关行办公室，然后点击左边的文件柜，进入业务单证界面。

（2）添加"加工贸易核销申请表"并进行填写。

（3）进入海关办事界面：

<u>传统界面</u>：进入业务部——业务中心，在流程图上点击手册核销下的"递交材料"按钮，再在弹出窗口中选择"手册报核"业务。

<u>游戏界面</u>：在城市地图上点击"海关"建筑，进入报关大厅，再点击"手册核销"柜台，并在弹出的窗口中选择"手册报核"业务。

（4）选择并提交加工贸易核销申请表（见图 16-6）、核销预录入呈报表、报关单报核呈报表、进口料件报核呈报表、出口成品报核呈报表、单耗报核呈报表、代理报关委托书、出口货物报关单（进料加工专用）、进口货物报关单（进料加工专用，对应

进口料件合同)，递交材料流程至此结束。等待一段时间后，报关行将收到海关签发的保证金台账核销联系单。

核 销 申 请 表

手册编号	C42203400003	进口合同号	CT0000102	实际进口额	USD 123000.00	出口合同号	CT0000103	实际出口额	USD 138000.00

实际进口/转入料件情况							实际出口/转出成品耗料情况									征税内销情况		剩余料件/残次品情况		
项号	品名和规格	单位	实际进口数量				成品1：红糖粉 出口数量：30000.0		成品2： 出口数量：		成品3： 出口数量：		成品4： 出口数量：		总耗	数量KGS	总价USD	数量	处理方式：结转/退运/放弃	备注
			进口	深加工结转	余料结转	总计	单耗	总耗	单耗	总耗	单耗	总耗	单耗	总耗						
1	蔗糖 颜色：白色，有效期：两年，纯度：99.9%，规格：5千克/包	包	3000			3000	0.100000	3000.000000							3000.000000					

边角料/副产品/受灾货物情况					申报核销单据		缴税情况		本表内容申报无讹，如有不实，本企业愿承担相应法律责任。			
品名和规格	单位	数量KGS	价值RMB	处理方式	手册数量	主册 续册 分册 1	关税税额		经营企业盖章	南京弘泰进出口贸易公司	加工企业盖章	中国海德实业公司
					报关单份数	进口 1 出口 1						
					核销申请表	1 页	增值税额		经办人签字	汤玉文 2015年 8月 13日	经办人签字	李正海 2015年 8月 13日
					其他单据		消费税额		经营企业电话	86-25-52416988	加工企业电话	021-88652021

海关结案意见			
	经审单证齐全，单耗合理	□	经办人：
	余料已补税	□	
	余料已结转	□	复核人：
	边角料已补税	□	
	副产品已补税	□	科长：
	同意结案	□	关长：

图 16-6 核销申请表

（三）台账核销

报关行收到保证金台账核销联系单后，进入银行办事界面：

传统界面：进入业务部——业务中心，在流程图上点击“台账核销”按钮，再在弹出的窗口中选择“台账核销”业务。

游戏界面：在城市地图上点击“银行”建筑，进入银行大厅，再点击柜台，并在弹出的窗口中选择“台账核销”业务。

选择并提交保证金台账核销联系单，台账核销流程至此结束。等待一段时间后，将收到银行签发的保证金台账核销通知单。

（四）递交回执

报关行收到银行签发的保证金台账核销通知单后，进入海关办事界面：

传统界面：进入业务部——业务中心，在流程图上点击手册核销下的“递交回执”按钮，再在弹出的窗口中选择“台账核销”业务。

游戏界面：在城市地图上点击“海关”建筑，进入报关大厅，再点击“手册核销”柜台，并在弹出的窗口中选择“台账核销”业务。

选择并提交保证金台账核销通知单，完成台账的核销。

至此，手册核销流程全部结束。等待一段时间后，报关行将收到海关的通知，电子手册核销完成。

实验项目 17 单元练习——
进口料件业务（食品加工）

一、实验要求

请完成一笔完整的进口料件备案资料库录入、手册备案录入、进口报关业务操作。

（1）以进口报关行角色登录，进入电子口岸界面，完成备案资料库录入、电子申报、手册备案录入等操作。

（2）向海关递交相关纸质材料，由海关签发保证金台账开设联系单。

（3）凭联系单向银行申请开设保证金台账。

（4）向海关递交开设通知回执，完成手册备案。

（5）进入电子口岸界面，完成进口报关预录入、申报等操作。

（6）向海关递交相关材料，完成现场申报。

（7）完成进口通关，并取得相关证明（如被海关抽中查验，需先配合查验才能通关）。

二、操作步骤

（一）备案资料库

（1）以进口报关行角色登录，进入电子口岸界面（两种进入方法）：

传统界面：进入业务部——业务中心，在流程图上点击"备案资料库"，进入电子口岸界面。

游戏界面：在城市地图上点击"报关行"建筑，进入业务场景，再点击电脑，并在弹出的界面中选择"电子口岸"。

（2）登录后（密码自动代入），选择"无纸化手册"业务，进入系统，然后选择界面上方菜单"备案资料库"中的"备案资料库备案"业务。

（3）在打开的界面中逐项录入相关内容，包含"基本信息"（见图 17-1）、"料件表"（见图 17-2）、"成品表"（见图 17-3）3 个界面。录入时可参考界面最下方的填写说明。填写过程中可随时检查，填写完成后点击"暂存"按钮（必须在"基本信息"界面点击"暂存"按钮，其他界面点击"保存"按钮即可）。

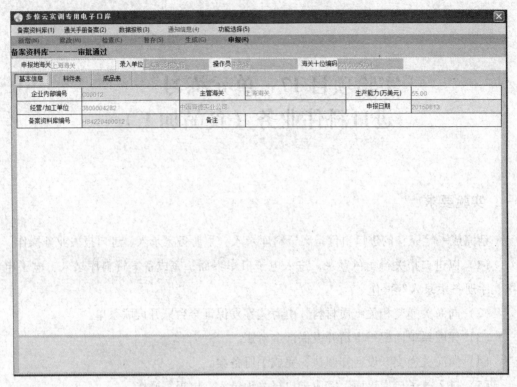

图 17-1 "基本信息"界面

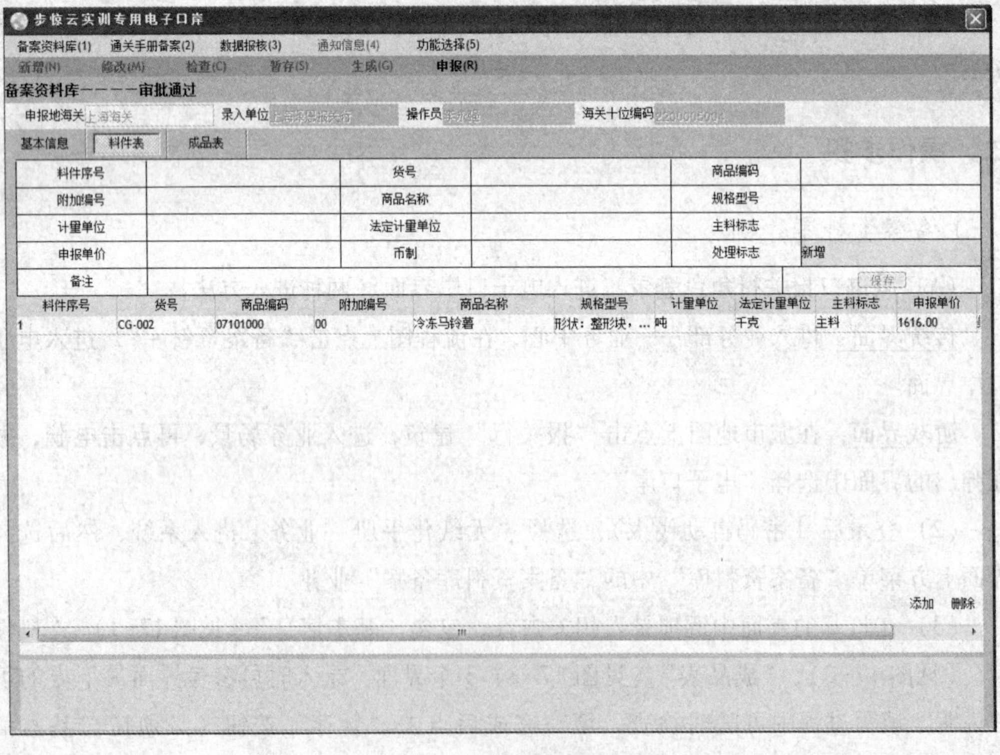

图 17-2 "料件表"界面

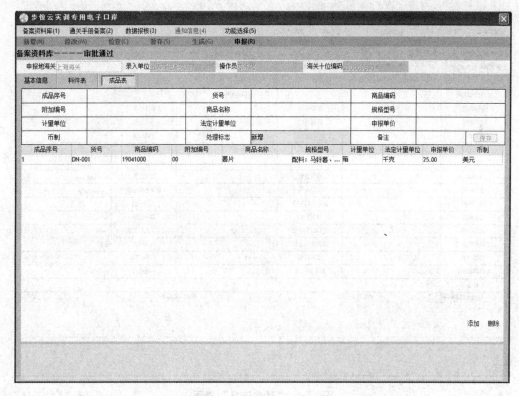

图17-3 "成品表"界面

（4）点击界面上方的"申报"按钮，将数据发送到海关。

（5）等待一段时间后，报关行将收到消息提示，即备案资料库审核通过。

（二）手册备案

（1）在电子口岸无纸化手册业务系统中，选择界面上方菜单"通关手册备案"中的"通关手册备案"业务。

（2）在打开的界面中逐项录入相关内容，包含"基本信息"（见图17-4）、"料件表"（见图17-5）、"成品表"（见图17-6）、"单损耗表"（见图17-7）4个界面。录入时可参考界面最下方的填写说明。填写过程中可随时检查，填写完成后点击"暂存"按钮（必须在"基本信息"界面点击"暂存"按钮，其他界面点击"保存"按钮即可）。

（3）点击界面上方的"申报"按钮，将数据发送到海关。

（4）等待一段时间后，报关行将收到消息提示，即手册备案录入审核通过，再点击界面上方的"打印"按钮。打印成功后，即可到业务单据中查看已生成的备案预录入、进口料件备案、出口成品备案、单耗备案等呈报表。

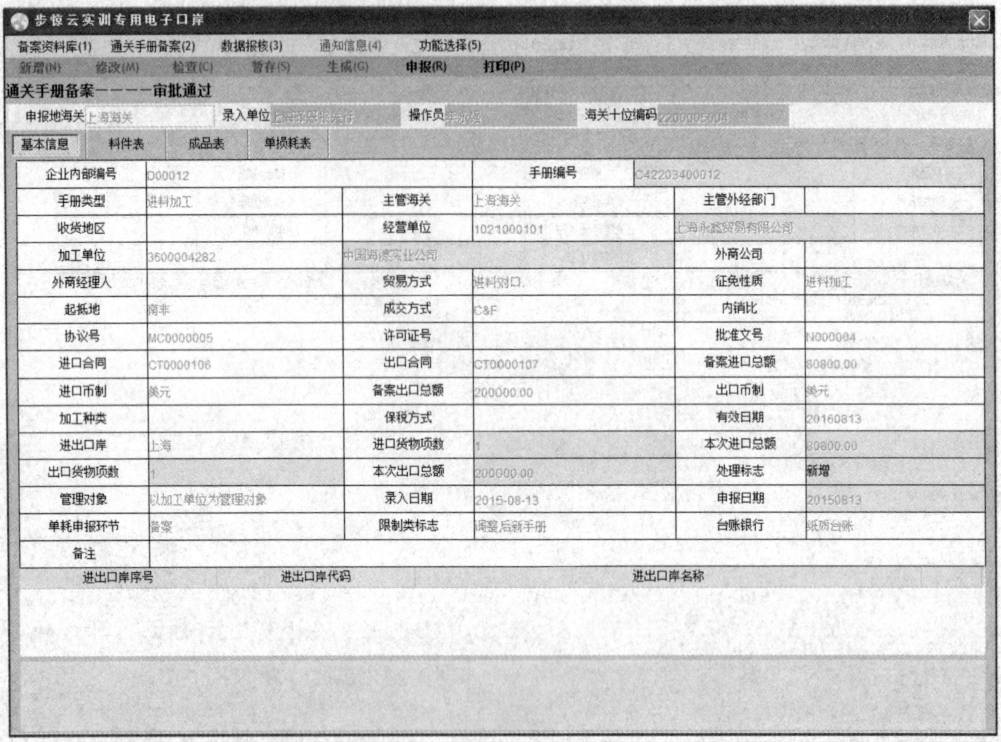

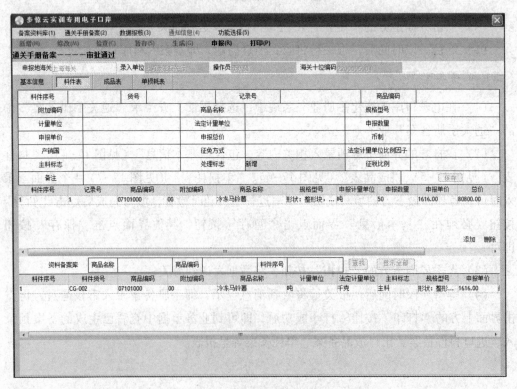

图 17-4 "基本信息"界面

图 17-5 "料件表"界面

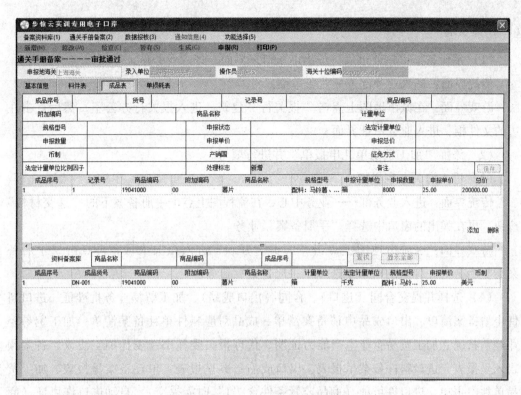

图 17-6 "成品表"界面

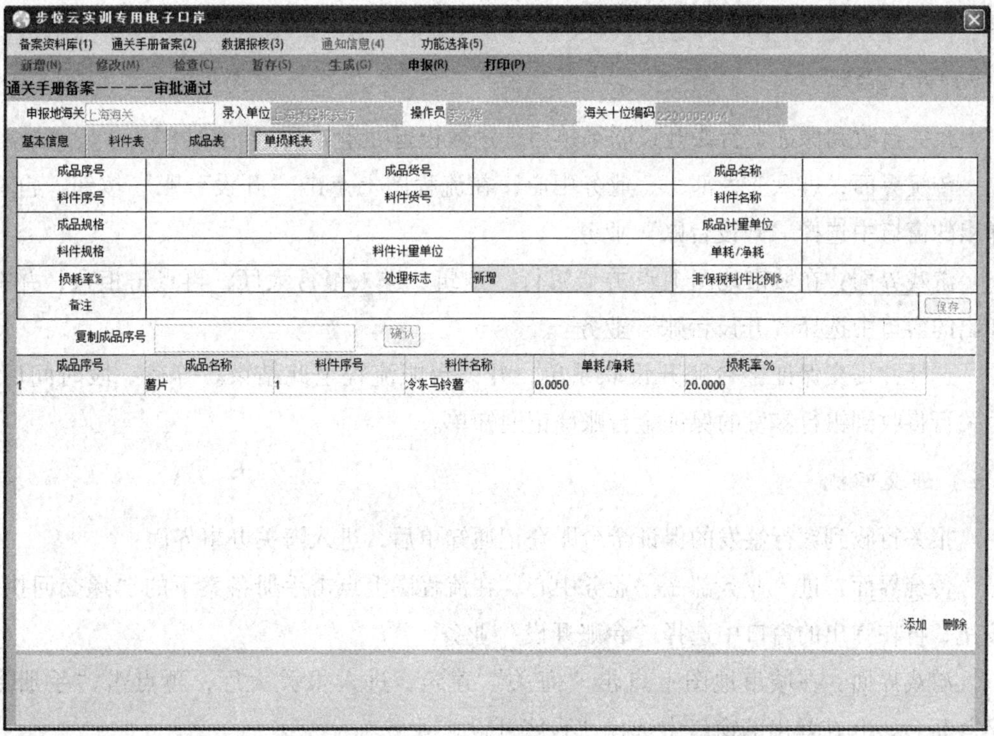

图 17-7 "单损耗表"界面

（三）递交材料

（1）手册备案审核通过后，退出电子口岸界面，进入业务单证界面：

传统界面：进入业务部——业务单证界面。

游戏界面：在城市地图上点击"报关行"建筑，进入报关行办公室，然后点击左边的文件柜，进入业务单证界面。

（2）添加"加工贸易单耗申报单"并进行填写。

（3）进入海关办事界面：

传统界面：进入业务部——业务中心，在流程图上点击手册备案下的"递交材料"按钮，再在弹出的窗口中选择"手册备案"业务。

游戏界面：在城市地图上点击"海关"建筑，进入报关大厅，再点击"手册备案"柜台，并在弹出的窗口中选择"手册备案"业务。

（4）选择并提交合同（进口）、合同（出口成品）、加工贸易业务批准证、进口料件申请备案清单、出口成品申请备案清单、成品对应料件单耗备案清单、加工贸易企业经营状况、加工贸易企业生产能力证明、代理报关委托书、委托加工协议、备案预录入呈报表、进口料件备案呈报表、出口成品备案呈报表、单耗备案呈报表、加工贸易单耗申报单、进口许可证（商品监管条件含"1"时需提交）、自动进口许可证（商品监管条件含"v"时需提交），递交材料流程至此结束。等待一段时间后，报关行将收到海关签发的保证金台账开设联系单。

（四）开设台账

报关行收到保证金台账开设联系单后，进入银行办事界面：

传统界面：进入业务部——业务中心，在流程图上点击"开设台账"按钮，再在弹出的窗口中选择"开设台账"业务。

游戏界面：在城市地图上点击"银行"建筑，进入银行大厅，再点击柜台，并在弹出的窗口中选择"开设台账"业务。

选择并提交保证金台账开设联系单，开设台账流程至此结束。等待一段时间后，报关行将收到银行签发的保证金台账登记通知单。

（五）递交回执

报关行收到银行签发的保证金台账登记通知单后，进入海关办事界面：

传统界面：进入业务部——业务中心，在流程图上点击手册备案下的"递交回执"按钮，再在弹出的窗口中选择"台账开设"业务。

游戏界面：在城市地图上点击"海关"建筑，进入报关大厅，再点击"手册备案"柜台，并在弹出的窗口中选择"台账开设"业务。

选择并提交保证金台账登记通知单，完成台账的开设。

（六）进口报关预录入

（1）以进口报关行角色登录，进入电子口岸界面（两种进入方法）：

传统界面：进入业务部——业务中心，在流程图上点击"报/转关录入"，进入电子口岸界面。

游戏界面：在城市地图上点击"报关行"建筑，进入业务场景，再点击电脑，并在弹出的界面中选择"电子口岸"。

（2）登录后（密码自动代入），选择"报关申报"业务，进入系统，然后选择界面上方菜单"报关单"中的"进口报关单"业务。

（3）在打开的报关单录入/申报界面中逐项录入相关内容，录入时可参考界面最下方的填写说明。填写过程中可随时检查，填写完成后点击"暂存"按钮。

（4）依次点击界面上方的"上载""申报"按钮，将数据发送到海关。

（5）等待一段时间后（报关单状态变为"报关单审结"，报关行收到消息提示时，见图17-8），再点击界面上方的"打印"按钮。打印成功后，即可到业务单证中查看已生成的进口货物报关单。

报关预录入部分至此结束。

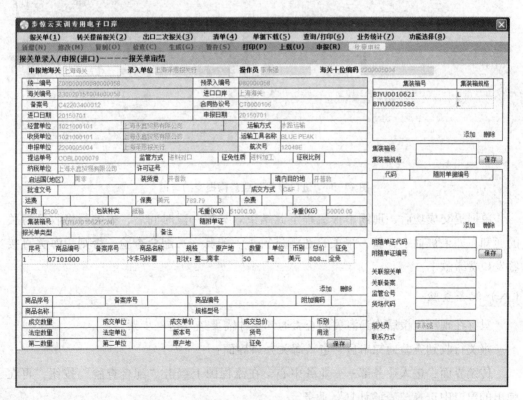

图17-8　报关单审结界面

（七）现场申报

报关预录入成功后，退出电子口岸界面，进入海关办事界面：

传统界面：进入业务部——业务中心，在流程图上点击"现场申报"按钮，再在弹出的窗口中选择"进口报关"业务，并提交海运提单、商业发票、装箱单等单据，如图17-9所示。

游戏界面：在城市地图上点击"海关"建筑，进入报关大厅，再点击"进口接单征税"柜台，在弹出的窗口中选择"进口报关"业务，并提交海运提单、商业发票、装箱单等单据，如图17-9所示。

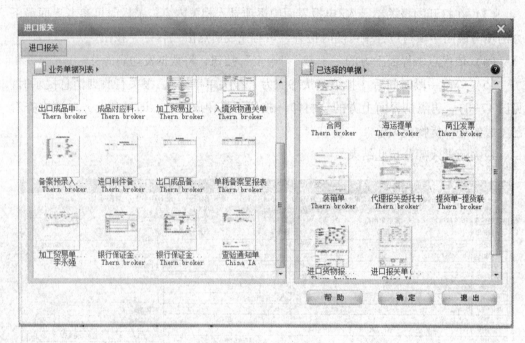

图17-9 "进口报关"业务需提交的单据

单据提交成功后，现场申报流程至此结束。等待一段时间后，报关行将收到海关的通知。如果被抽中查验，报关行还需进行下一步骤——配合查验，否则，海关直接签发税费缴款书。

（八）配合查验

只有在现场申报后收到海关的查验通知单才需要进入这一步骤。

报关行收到查验通知单后，进入海关办事界面：

传统界面：进入业务部——业务中心，在流程图上点击"配合查验"按钮，再在弹出的窗口中选择"查验计划"业务。

游戏界面：在城市地图上点击"海关"建筑，进入报关大厅，再点击"选查放行"柜台，并在弹出的窗口中选择"进口查验"业务。

　　选择并提交查验通知单，配合查验流程至此结束，如图 17-10 所示。等待一段时间后，报关行将收到海关的验放通知以及海关签发的进口关税、增值税、消费税等专用缴款书。

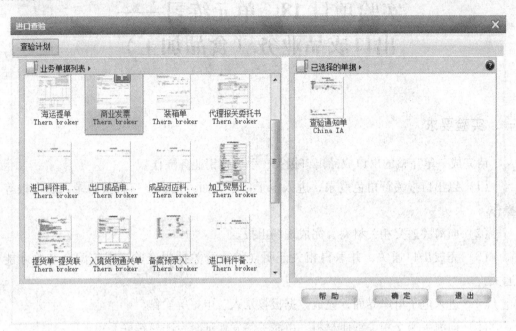

图 17-10 "查验计划/进口查验"业务需提交的单据

实验项目18　单元练习——
出口成品业务（食品加工）

一、实验要求

请完成一笔完整的出口成品出口报关、手册核销业务操作。

（1）以出口报关行角色登录，进入电子口岸界面，完成出口报关预录入、申报等操作。

（2）向海关递交相关材料，完成现场申报。

（3）完成出口通关，并取得相关证明（如被海关抽中查验，需先配合查验才能通关）。

（4）进入电子口岸界面，完成数据报核录入、申报等操作。

（5）向海关递交相关纸质材料，由海关签发保证金台账核销联系单。

（6）凭联系单向银行申请办理保证金台账核销业务。

（7）向海关递交核销通知回执，完成手册核销，取得结案通知书。

二、操作步骤

（一）出口报关

1. 出口报关预录入

（1）以出口报关行角色登录，进入电子口岸界面（两种进入方法）：

传统界面：进入业务部——业务中心，在流程图上点击"报/转关录入"，进入电子口岸界面。

游戏界面：在城市地图上点击"报关行"建筑，进入业务场景，再点击电脑，并在弹出的界面中选择"电子口岸"。

（2）登录后（密码自动代入），选择"报关申报"业务，进入系统，然后选择界面上方菜单"报关单"中的"出口报关单"业务。

（3）在打开的报关单录入/申报界面中逐项录入相关内容，录入时可参考界面最下方的填写说明。填写过程中可随时检查，填写完成后点击"暂存"按钮。

（4）依次点击界面上方的"上载""申报"按钮，将数据发送到海关。

（5）等待一段时间后（报关单状态变为"报关单审结"，报关行收到消息提示时，见图 18-1），再点击界面上方的"打印"按钮。打印成功后，即可到业务单证中查看已生成的出口货物报关单。

报关预录入部分至此结束。

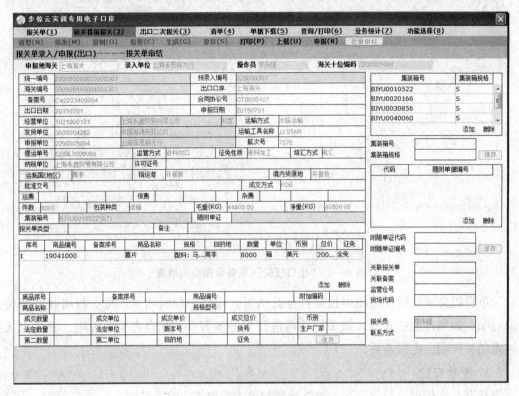

图 18-1 报关单审结界面

2. 现场申报

报关预录入成功后，退出电子口岸界面，进入海关办事界面：

传统界面：进入业务部——业务中心，在流程图上点击"现场申报"按钮，再在弹出的窗口中选择"出口报关"业务，并提交商业发票、装货单、装箱单等单据，如图 18-2 所示。

游戏界面：在城市地图上点击"海关"建筑，进入报关大厅，再点击"出口接单征税"柜台，在弹出的窗口中选择"出口报关"业务，并提交商业发票、装货单、装箱单等单据，如图 18-2 所示。

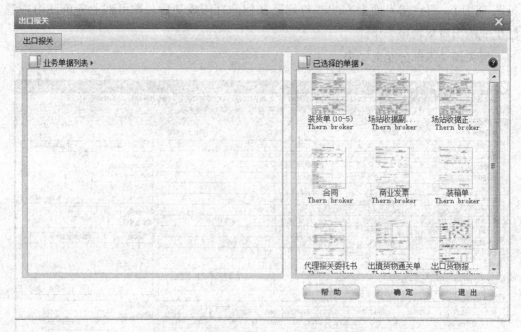

图 18-2 "出口报关"业务需提交的单据

单据提交成功后，现场申报流程至此结束。等待一段时间后，报关行将收到海关的通知。如果被抽中查验，报关行还需进行下一步骤——配合查验，否则，海关直接签发相关证明，完成通关。

3. 配合查验

只有在现场申报后收到海关的查验通知单才需要进入这一步骤。

报关行收到查验通知单后，进入海关办事界面：

<u>传统界面：</u>进入业务部——业务中心，在流程图上点击"配合查验"按钮，再在弹出的窗口中选择"查验计划"业务。

<u>游戏界面：</u>在城市地图上点击"海关"建筑，进入报关大厅，再点击"选查放行"柜台，并在弹出的窗口中选择"出口查验"业务。

选择并提交查验通知单，完成配合查验，如图 8-3 所示。

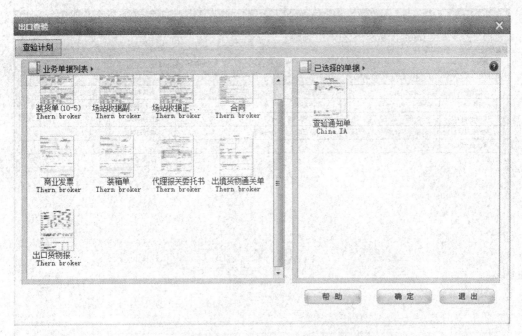

图 18-3　"查验计划/出口查验"业务需提交的单据

（二）手册核销

1. 数据报核

（1）以出口报关行角色登录，进入电子口岸界面（两种进入方法）：

传统界面：进入业务部——业务中心，在流程图上点击"数据报核"，进入电子口岸界面。

游戏界面：在城市地图上点击"报关行"建筑，进入业务场景，再点击电脑，并在弹出的界面中选择"电子口岸"。

（2）登录后（密码自动代入），选择"无纸化手册"业务，进入系统，然后选择界面上方菜单"数据报核"中的"数据报核"业务。

（3）在打开的界面中逐项录入相关内容，包含"基本信息"（见图 18-4）、"报关单"（见图 18-5）、"料件表"（见图 18-6）、"成品表"（见图 18-7）、"单损耗"（见图 18-8）5 个界面。录入时可参考界面最下方的填写说明。填写过程中可随时检查，填写完成后点击"暂存"按钮（必须在"基本信息"界面点击"暂存"按钮，其他界面点击"保存"按钮即可）。

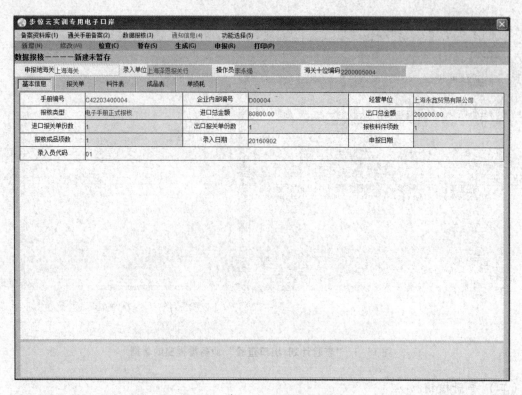

图 18-4 "基本信息"界面

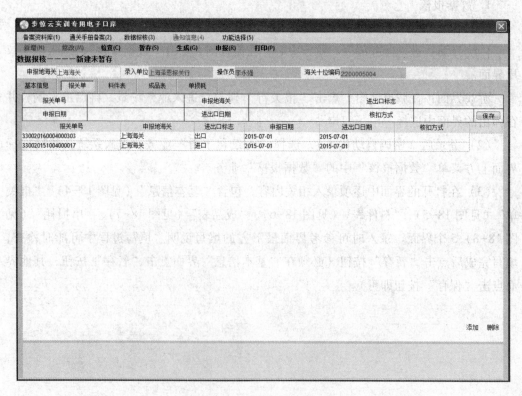

图 18-5 "报关单"界面

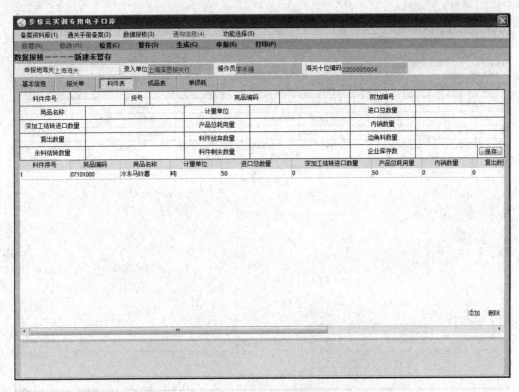

图18-6　"料件表"界面

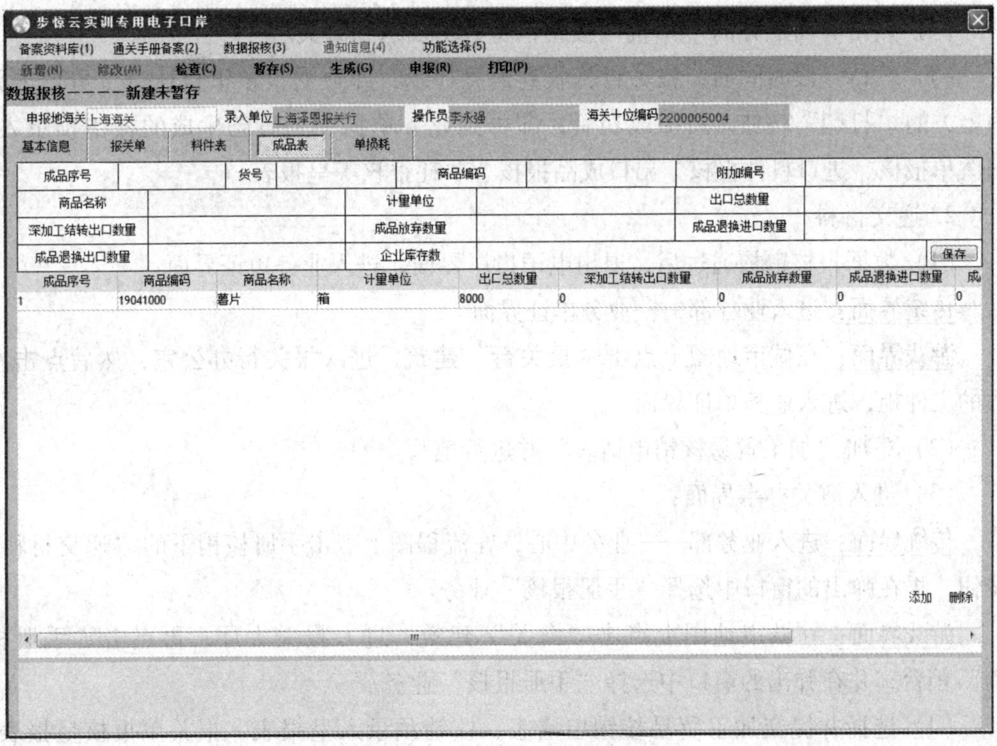

图18-7　"成品表"界面

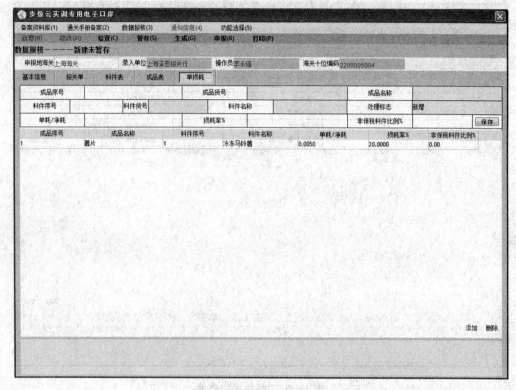

图 18-8 "单损耗"界面

（4）点击界面上方的"申报"按钮，将数据发送到海关。

（5）等待一段时间后，报关行将收到消息提示，即数据报核审核通过，再点击界面上方的"打印"按钮。打印成功后，即可到业务单据中查看已生成的核销预录入、报关单报核、进口料件报核、出口成品报核、单耗报核等呈报表。

2. 递交材料

（1）数据报核审核通过后，退出电子口岸界面，进入业务单证界面：

<u>传统界面</u>：进入业务部——业务单证界面。

<u>游戏界面</u>：在城市地图上点击"报关行"建筑，进入报关行办公室，然后点击左边的文件柜，进入业务单证界面。

（2）添加"加工贸易核销申请表"并进行填写。

（3）进入海关办事界面：

<u>传统界面</u>：进入业务部——业务中心，在流程图上点击手册核销下的"递交材料"按钮，再在弹出的窗口中选择"手册报核"业务。

<u>游戏界面</u>：在城市地图上点击"海关"建筑，进入报关大厅，再点击"手册核销"柜台，并在弹出的窗口中选择"手册报核"业务。

（4）选择并提交加工贸易核销申请表、核销预录入呈报表、报关单报核呈报表、进口料件报核呈报表、出口成品报核呈报表、单耗报核呈报表、代理报关委托书、出

口货物报关单（进料加工专用）、进口货物报关单（进料加工专用，对应进口料件合同的），递交材料流程至此结束。等待一段时间后，报关行将收到海关签发的保证金台账核销联系单。

3. 台账核销

报关行收到保证金台账核销联系单后，进入银行办事界面：

传统界面：进入业务部——业务中心，在流程图上点击"台账核销"按钮，再在弹出的窗口中选择"台账核销"业务。

游戏界面：在城市地图上点击"银行"建筑，进入银行大厅，再点击柜台，并在弹出的窗口中选择"台账核销"业务。

选择并提交保证金台账核销联系单，台账核销流程至此结束。等待一段时间后，报关行将收到银行签发的保证金台账核销通知单。

4. 递交回执

报关行收到保证金台账核销通知单后，进入海关办事界面：

传统界面：进入业务部——业务中心，在流程图上点击手册核销下的"递交回执"按钮，再在弹出的窗口中选择"台账核销"业务。

游戏界面：在城市地图上点击"海关"建筑，进入报关大厅，再点击"手册核销"柜台，并在弹出的窗口中选择"台账核销"业务。

选择并提交保证金台账核销通知单，完成台账核销。

实验项目 19 制单——进口货物征免税申请表

一、实验要求

请根据给定单据制作进口货物征免税申请表。

SALES CONFIRMATION

卖方:	Japan Maner Group International Co., Ltd.		NO.:	CT0000063
Seller:	1-1 Port-cho 3-chome Hakodate City Hokkaido, Japan		DATE:	2015-07-01
买方:	Qingdao Miler Trading Co., Ltd.			
Buyer:	No.118 HongKong Middle Road, Futai Square, Qingdao, China			

经买卖双方同意成交下列商品，订立条款如下：
This contract is made by and agreed between the BUYER and SELLER, in accordance with the terms and conditions stipulated below.

商品编号 Product No.	名称及规格 Description of goods	数量 Quantity	单价 Unit Price	全额 Amount
			FCA ∨ Nagoya,Japan ∨	
LB-001	Hearing Aid Type: 3 channel digital technology; system: 6 frequency Warp compression	1000 PCS	USD 80.00	USD 80000.00
总值TOTAL:		1000 PCS		USD ∨ 80000.00

Say Total(金额大写): SAY USD EIGHTY THOUSAND ONLY

Transshipment (转运):

☐Allowed (允许) ☑Not allowed (不允许)

Partial shipments (分批装运):

☐Allowed (允许) ☑Not allowed (不允许)

Port of Shipment (装运港):

Nagoya,Japan   ∨

Port of Destination (目的港):

Shanghai,China   ∨

Shipment (装运条款):

Ready shipment   ∨   By air ∨

Marks and Numbers (唛头):

N/M

Insurance (保险):

☑To be covered by the Buyer.

由买方负责。

☐To be covered by the Seller FOR   ∨ of the invoice value covering

由__按发票金额__投保__。

Terms of payment (付款条件):

100 % by T/T .

__% 以__预付,其余__% 以__支付。

Documents required (单据):

The sellers shall present the following documents required.

卖方应提交下列单据。

☐ Full set of clean on Board Ocean Bills of Lading.

整套正本清洁提单。

☑ Airway bill/cargo receipt/copy of railway bills.

空运提单或承运收据或铁路联运单。

☑ Signed commercial invoice in 3 _____ copies.

商业发票一式__份。

☑ Packing list/weight memo in 3 _____ copies.

装箱单或重量单一式__份。

☐ Certificate of Quantity/Weight in _____ copies issued by _____

由__签发的数量/重量证明书一式__份。

☐ Certificate of Quality in _____ copies issued by _____

由__签发的品质证明书一式__份。

☐ Health Certificate in _____ copies issued by _____

由__签发的健康证明书一式__份。

☐ Certificate of phytosanitary in _____ copies issued by _____

由__签发的植物检疫证明书一式__份。

☐ Veterinary (Health) Certificate in _____ copies issued by _____

由__签发的兽医(卫生)证书一式__份。

☐ Sanitary Certificate in _____ copies issued by _____

由__签发的卫生证书一式__份。

☐ Fumigation/Disinfection Certificate in _____ copies issued by _____

由__签发的熏蒸/消毒证书一式__份。

☐ Certificate for CCC in _____ copies.

CCC认证证书一式__份。

☐ Insurance policy in _____ copies.

保险单一式__份。

☐ Certificate of Origin in _____ copies issued by _____

由__签发的一般原产地证一式__份。

☐ Certificate of Origin Form A in _____ copies issued by _____

由__签发的普惠制产地证一式__份。

☐Certificate of Origin Form B in _____ copies issued by _____.

由___签发的《亚太贸易协定》优惠原产地证明书一式___份。

Shipping advice (装运通知):

The sellers shall immediately, upon the completion of the loading of the goods, advise the buyers of the Contract No, names of commodity, loaded quantity, invoice values, gross weight, names of vessel and shipment date by TLX/FAX.

一旦装运完毕，卖方应即电告买方合同号、商品号、已装载数量、发票总金额、毛重、运输工具名称及启运日期等。

Inspection and Claims (检验与索赔):

1. The buyers shall have the qualities, specifications, quantities of the goods carefully inspected by the Inspection Authority, which shall issue Inspection Certificate before shipment.

卖方在发货前由检验机构对货物的品质、规格和数量进行检验，并出具检验证明书。

2. The buyers have right to have the goods inspected by the local commodity inspection authority after the arrival of the goods at the port of destination if the goods are found damaged/short/their specifications and quantities not in compliance with that specified in the contract, the buyers shall lodge claims against the sellers based on the Inspection Certificate issued by the Commodity Inspection Authority within 15_____ days after the goods arrival at the destination.

货物到达目的口岸后，买方可委托当地的商品检验机构对货物进行复检。如果发现货物有损坏、残缺或规格、数量与合同规定不符，买方须于货到目的口岸的___天内凭检验机构出具的检验证明书向卖方索赔。

3. The claims, if any regarding to the quality of the goods, shall be lodged within 30_____ days after arrival of the goods at the destination, if any regarding to the quantities of the goods, shall be lodged within 15_____ days after arrival of the goods at the destination. The sellers shall not take any responsibility if any claims concerning the shipping goods is up to the responsibility of Insurance Company/Transportation Company/Post Office.

如买方提出索赔，凡属品质异议须于货到目的口岸之日起___天内提出；凡属数量异议须于货到目的口岸之日起___天内提出。对货物所提任何异议应由保险公司、运输公司或邮递机构负责，卖方不负任何责任。

Force Majeure (人力不可抗拒):

The sellers shall not hold any responsibility for partial or total non-performance of this contract due to Force Majeure. But the sellers advise the buyers on time of such occurrence.

如因人力不可抗拒的原因造成本合同全部或部分不能履约，卖方概不负责但卖方应将上述发生的情况及时通知买方。

Disputes settlement (争议之解决方式):

All disputes in connection with this contract of the execution thereof shall be amicably settled through negotiation. In case no amicable settlement can be reached between the two parties, the case under dispute shall be submitted to arbitration, which shall be held in the country where the defendant resides, or in third country agreed by both parties. The decision of the arbitration shall be accepted as final and binding upon both parties. The Arbitration Fees shall be borne by the losing party.

凡因执行本合约或有关本合约所发生的一切争执，双方应协商解决。如果协商不能得到解决，应提交仲裁。仲裁地点在被告方所在国内，或者在双方同意的第三国。仲裁裁决是终局的，对双方都有约束力，仲裁费用由败诉方承担。

Law application (法律适用):

It will be governed by the law of the People's Republic of China under the circumstances that the contract is signed or the goods while the disputes arising are in the People's Republic of China or the defendant is Chinese legal person, otherwise it is governed by Untied Nations Convention on Contract for the International Sale of Goods.

本合同之订立地，或发生争议时货物所在地在中华人民共和国境内或被诉人为中国法人的，适用中华人民共和国法律，除此规定外，适用《联合国国际货物销售合同公约》。

The terms in the contract based on INCOTERMS 2010 of the International Chamber of Commerce. 本合同使用的价格术语系根据国际商会的 "INCOTERMS 2010"。

Versions (文字):

This contract is made out in both Chinese and English of which version is equally effective. Conflicts between these two languages arising therefrom, if any, shall be subject to Chinese version.

本合同中、英两种文字具有同等法律效力，在文字解释上，若有异议，以中文解释为准。

This contract is in 3_____ copies, effective since being singed/sealed by both parties.

本合同共___份，自双方代表签字（盖章）之日起生效。

<table>
<tr><td>The Buyer</td><td>The Seller</td></tr>
<tr><td>Qingdao Miler Trading Co., Ltd.</td><td>Japan Maner Group International Co., Ltd.</td></tr>
<tr><td>Conqjian Lin</td><td>Martin</td></tr>
</table>

图 19-1　合同

ISSUER				
Japan Maner Group International Co., Ltd. 1-1 Port-cho 3-chome Hakodate City Hokkaido, Japan		**形式发票** **PROFORMA INVOICE**		
TO				
Qingdao Miler Trading Co., Ltd. No.118 HongKong Middle Road, Futai Square, Qingdao, China				
TRANSPORT DETAILS	NO.		DATE	
From Nagoya,Japan to Shanghai,China, Ready shipment By air	IV0000052		2015-07-01	
	S/C NO.		S/C DATE	
	CT0000063		2015-07-01	

TERMS OF PAYMENT
100 % by T/T

Product No.	Description of goods	Quantity	Unit Price	Amount
			FCA ▾ Nagoya,Japan ▾	
LB-001	Hearing Aid Type: 3 channel digital technology; system: 6 frequency Warp compression	1000 PCS	USD 80.00	USD 80000.00

Total: [1000   ] [PCS]   [USD] [80000.00   ]

SAY TOTAL: SAY USD EIGHTY THOUSAND ONLY

MARKS AND NUMBERS:
N/M

Japan Maner Group International Co., Ltd.

Martin

图 19-2　形式发票

二、制单情况

根据合同、形式发票制作的进出口货物征免税申请表如图 19-3 所示。

进出口货物征免税申请表

企业代码	1053200107		企业名称			青岛米乐贸易有限公司		
审批依据		进（出）口标志	进口(1)	征免性质/代码		残疾人(413)		
项目统一编号	1287201539900001		产业政策审批条目					
审批部门		许可证号		合同号		CT0000063		
经营单位代码	1053200107		成交方式/代码			FOB(3)		
项目性质			进（出）口岸			上海海关		
货物是否已向海关申报进口	否		有效日期			2016-02-08		
备注								

序号	商品编码	商品名称	规格型号	法定数量	法定计量单位	申报数量	申报计量单位	金额	币制	原产地
1	9021400000	助听器	类型：3通道全数字技术；系统：6段分频Warp压缩	1000.00	个(007)	1000	个(007)	80000.00	美元(502)	日本

减免税申请人签章 青岛米乐贸易有限公司 2015 年 8 月 12 日	联系人：李永强 电话：86-532-84214578

图 19-3　进出口货物征免税申请表

实验项目 20　减免税申请练习

一、实验要求

请完成减免税申请练习。

（1）以进口报关行角色登录，进入电子口岸界面，完成减免税申请录入、申报及打印等操作。

（2）向海关递交相关纸质材料，完成减免税申请。

二、操作步骤

（一）减免税备案

（1）以进口报关行角色登录，进入电子口岸界面（两种进入方法）：

传统界面： 进入业务部——业务中心，在流程图上点击"减免税备案"，进入电子口岸界面。

游戏界面： 在城市地图上点击"报关行"建筑，进入业务场景，再点击电脑，并在弹出的界面中选择"电子口岸"。

（2）登录后（密码自动代入），选择"减免税申报"业务，进入系统，然后选择界面上方菜单"征免税备案申请"中的"征免税备案申请"业务。

（3）在打开的界面中逐项录入相关内容，录入时可参考界面最下方的填写说明。填写过程中可随时检查，填写完成后点击"暂存"按钮。

（4）点击界面上方的"申报"按钮，将数据发送到海关。

（5）等待一段时间后，报关行将收到消息提示，即审核通过（见图20-1），再点击界面上方的"打印"按钮。打印成功后，即可到业务单据中查看已生成的进出口货物减免税备案申请表。

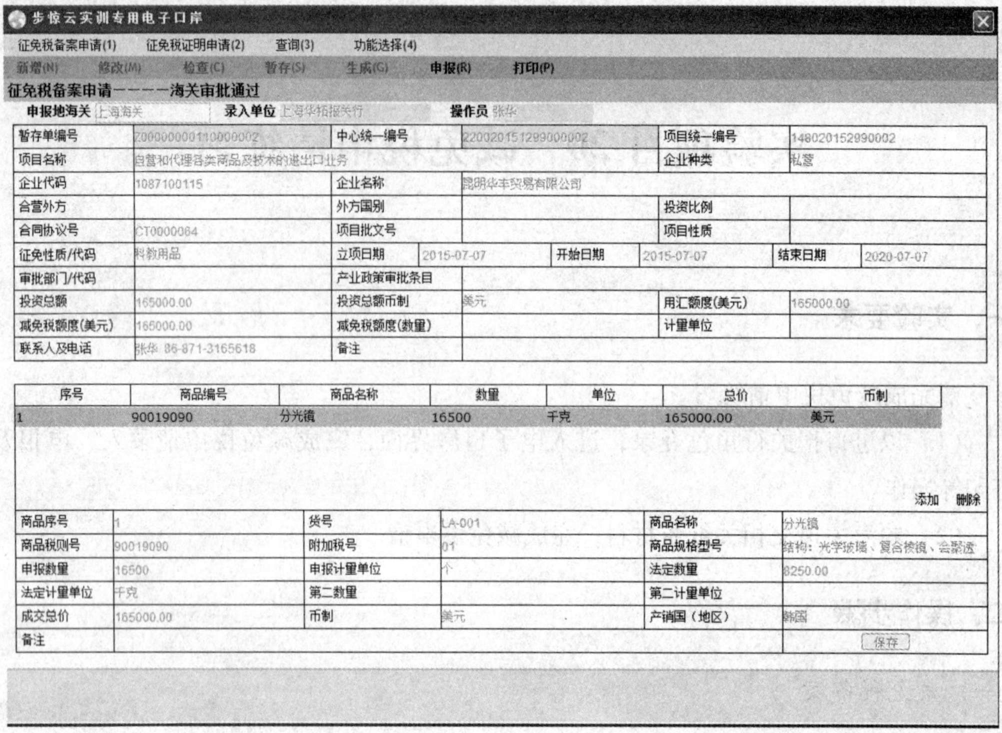
步惊云实训专用电子口岸

征免税备案申请(1)　征免税证明申请(2)　查询(3)　功能选择(4)

新增(N)　修改(M)　检查(C)　暂存(S)　生成(G)　申报(R)　打印(P)

征免税备案申请－－－－－海关审批通过

申报地海关 上海海关　录入单位 上海华拓报关行　操作员 张华

暂存单编号	Z000000001100000002	中心统一编号	220020151299000002			项目统一编号	148020152990002
项目名称	自营和代理各类商品及技术的进出口业务					企业种类	私营
企业代码	1087100115	企业名称	昆明华丰贸易有限公司				
合营外方		外方国别				投资比例	
合同协议号	CT0000084	项目批文号				项目性质	
征免性质/代码	科教用品	立项日期	2015-07-07	开始日期	2015-07-07	结束日期	2020-07-07
审批部门/代码		产业政策审批条目					
投资总额	165000.00	投资总额币制	美元			用汇额度(美元)	165000.00
减免税额度(美元)	165000.00	减免税额度(数量)				计量单位	
联系人及电话	张华 86-871-3165618	备注					

序号	商品编号	商品名称	数量	单位	总价	币制
1	90019090	分光镜	16500	千克	165000.00	美元

添加　删除

商品序号	1	货号	LA-001	商品名称	分光镜
商品税则号	90019090	附加税号	01	商品规格型号	结构：光学玻璃、复合棱镜、会聚透
申报数量	16500	申报计量单位	个	法定数量	8250.00
法定计量单位	千克	第二数量		第二计量单位	
成交总价	165000.00	币制	美元	产销国（地区）	韩国
备注					保存

图 20-1 “征免税备案申请”审批通过界面

(二) 递交材料（备案）

申请表打印成功后，进入海关办事界面：

<u>传统界面：</u>进入业务部——业务中心，在流程图上点击减免税申请下的第一个“递交材料”按钮，再在弹出的窗口中选择“减免税备案”业务。

<u>游戏界面：</u>在城市地图上点击“海关”建筑，进入报关大厅，再点击“减免税审批”柜台，并在弹出的窗口中选择“减免税备案”业务。

选择并提交进出口货物减免税备案申请表、企业法人营业执照，递交材料流程至此结束。等待一段时间后，报关行将收到备案完成的通知。

(三) 减免税申请

(1) 进入电子口岸界面（两种进入方法）：

<u>传统界面：</u>进入业务部——业务中心，在流程图上点击“减免税申请”，进入电子口岸界面。

<u>游戏界面：</u>在城市地图上点击“报关行”建筑，进入业务场景，再点击电脑，并在弹出的界面中选择“电子口岸”。

(2) 登录后（密码自动代入），选择“减免税申报”业务，进入系统，再选择界面上方菜单“征免税证明申请”中的“征免税证明申请”业务。

（3）在打开的界面中逐项录入相关内容，录入时可参考界面最下方的填写说明。填写过程中可随时检查，填写完成后点击"暂存"按钮。

（4）点击界面上方的"申报"按钮，将数据发送到海关。

（5）等待一段时间后，报关行将收到消息提示，即审核通过（见图 20-2），再点击界面上方的"打印"按钮。打印成功后，即可到业务单据中查看已生成的进出口货物征免税申请表。

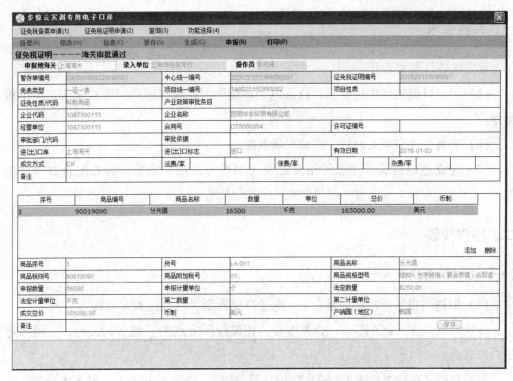

图 20-2 "征免税证明申请"审批通过界面

（四）递交材料（申请）

申请表打印成功后，进入海关办事界面：

传统界面：进入业务部——业务中心，在流程图上点击减免税申请下的第二个"递交材料"按钮，再在弹出的窗口中选择"减免税申请"业务。

游戏界面：在城市地图上点击"海关"建筑，进入报关大厅，再点击"减免税审批"柜台，并在弹出的窗口中选择"减免税申请"业务。

选择并提交进出口货物征免税申请表、合同、商业发票、装箱单、代理报关委托书、进口许可证（海关监管条件含"1"的商品需提供）、自动进口许可证（海关监管条件含"7"的商品需提供），递交材料流程至此结束。等待一段时间后，报关行将收到海关签发的进出口货物征免税证明。

实验项目 21　进口报关练习——残疾人用品

一、实验要求

请完成进口报关练习。

（1）以进口报关行角色登录，进入电子口岸界面，完成进口报关预录入、申报等操作。

（2）向海关递交相关材料，完成现场申报。

（3）完成进口通关，并取得相关证明（如被海关抽中查验，需先配合查验才能通关）。

二、操作步骤

（一）进口报关预录入

（1）以进口报关行角色登录，进入电子口岸界面（两种进入方法）：

传统界面：进入业务部——业务中心，在流程图上点击"报/转关录入"，进入电子口岸界面。

游戏界面：在城市地图上点击"报关行"建筑，进入业务场景，再点击电脑，并在弹出的界面中选择"电子口岸"。

（2）登录后（密码自动代入），选择"报关申报"业务，进入系统，然后选择界面上方菜单"报关单"中的"进口报关单"业务。

（3）在打开的报关单录入/申报界面中逐项录入相关内容，录入时可参考界面最下方的填写说明。填写过程中可随时检查，填写完成后点击"暂存"按钮。

（4）依次点击界面上方的"上载""申报"按钮，将数据发送到海关。

（5）等待一段时间后（报关单状态变为"报关单审结"，报关行收到消息提示时，见图21-1），再点击界面上方的"打印"按钮。打印成功后，即可到业务单证中查看已生成的进口货物报关单。

报关预录入部分至此结束。

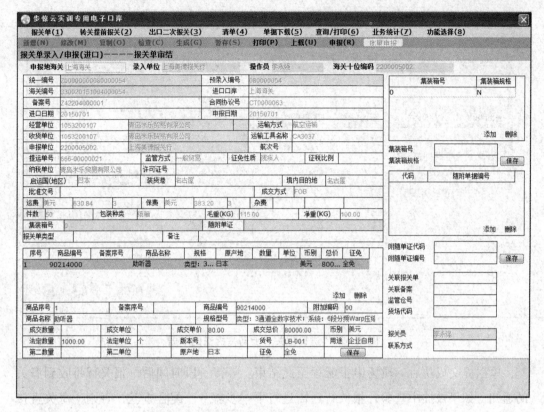

图 21-1 报关单审结界面

(二) 现场申报

报关预录入成功后，退出电子口岸界面，进入海关办事界面：

传统界面：进入业务部——业务中心，在流程图上点击"现场申报"按钮，再在弹出的窗口中选择"进口报关"业务，并提交商业发票、装箱单、航空运单等单据，如图 21-2 所示。

游戏界面：在城市地图上点击"海关"建筑，进入报关大厅，再点击"进口接单征税"柜台，在弹出的窗口中选择"进口报关"业务，并提交商业发票、装箱单、航空运单等单据，如图 21-2 所示。

图 21-2 "进口报关"业务需提交的单据

单据提交成功后,现场申报流程至此结束。等待一段时间后,报关行将收到海关的通知。如果被抽中查验,报关行还需进行下一步骤——配合查验,否则,海关直接签发税费缴款书。

(三) 配合查验

只有在现场申报后收到海关的查验通知单才需要进入这一步骤。

报关行收到查验通知单后,进入海关办事界面:

传统界面:进入业务部——业务中心,在流程图上点击"配合查验"按钮,再在弹出的窗口中选择"查验计划"业务。

游戏界面:在城市地图上点击"海关"建筑,进入报关大厅,再点击"选查放行"柜台,并在弹出的窗口中选择"进口查验"业务。

选择并提交查验通知单,配合查验流程至此结束,如图 21-3 所示。等待一段时间后,报关行将收到海关的验放通知以及进口关税、增值税、消费税等专用缴款书。

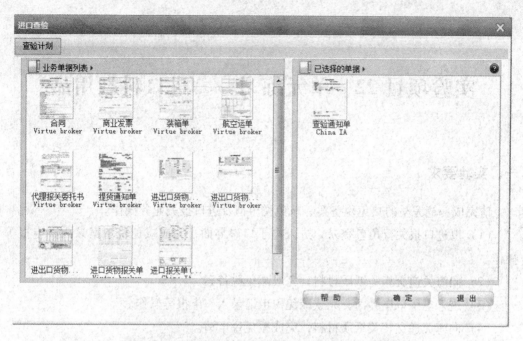

图 21-3　"查验计划/进口查验"业务需提交的单据

实验项目 22　单元练习——进口科教用品

一、实验要求

请完成一笔完整的减免税备案、减免税申请及进口报关业务操作。

（1）以进口报关行角色登录，进入电子口岸界面，完成减免税备案录入、申报等操作。

（2）向海关递交相关纸质材料，完成减免税备案。

（3）进入电子口岸界面，完成减免税申请录入、申报等操作。

（4）向海关递交相关纸质材料，完成减免税申请。

（5）进入电子口岸界面，完成进口报关预录入、申报等操作。

（6）向海关递交相关材料，完成现场申报。

（7）完成进口通关，并取得相关证明（如被海关抽中查验，需先配合查验才能通关）。

二、操作步骤

（一）减免税备案

（1）以进口报关行角色登录，进入电子口岸界面（两种进入方法）：

传统界面：进入业务部——业务中心，在流程图上点击"减免税备案"，进入电子口岸界面。

游戏界面：在城市地图上点击"报关行"建筑，进入业务场景，再点击电脑，并在弹出的界面中选择"电子口岸"。

（2）登录后（密码自动代入），选择"减免税申报"业务，进入系统，然后选择界面上方菜单"征免税备案申请"中的"征免税备案申请"业务。

（3）在打开的界面中逐项录入相关内容，录入时可参考界面最下方的填写说明。填写过程中可随时检查，填写完成后点击"暂存"按钮。

（4）点击界面上方的"申报"按钮，将数据发送到海关。

（5）等待一段时间后，报关行将收到消息提示，即审核通过（见图22-1），再点击界面上方的"打印"按钮。打印成功后，即可到业务单据中查看已生成的进出口货物减免税备案申请表。

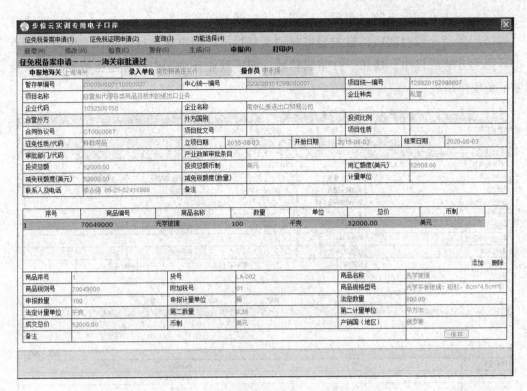

图 22-1 "征免税备案申请"审批通过界面

申请表打印成功后，进入海关办事界面：

传统界面：进入业务部——业务中心，在流程图上点击减免税申请下的第一个"递交材料"按钮，再在弹出的窗口中选择"减免税备案"业务。

游戏界面：在城市地图上点击"海关"建筑，进入报关大厅，再点击"减免税审批"柜台，并在弹出的窗口中选择"减免税备案"业务。

选择并提交进出口货物减免税备案申请表、企业法人营业执照，递交材料流程至此结束。等待一段时间后，报关行将收到备案完成的通知。

（二）减免税申请

（1）进入电子口岸界面（两种进入方法）：

传统界面：进入业务部——业务中心，在流程图上点击"减免税申请"，进入电子口岸界面。

游戏界面：在城市地图上点击"报关行"建筑，进入业务场景，再点击电脑，并在弹出的界面中选择"电子口岸"。

（2）登录后（密码自动代入），选择"减免税申报"业务，进入系统，再选择界面上方菜单"征免税证明申请"中的"征免税证明申请"业务。

（3）在打开的界面中逐项录入相关内容，录入时可参考界面最下方的填写说明。填写过程中可随时检查，填写完成后点击"暂存"按钮。

（4）点击界面上方的"申报"按钮，将数据发送到海关。

（5）等待一段时间后，报关行将收到消息提示，即审核通过（见图 22-2），再点击界面上方的"打印"按钮。打印成功后，即可到业务单据中查看已生成的进出口货物征免税申请表。

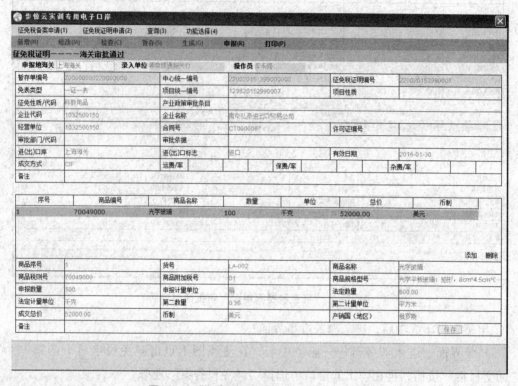

图 22-2 "征免税证明申请"审批通过界面

申请表打印成功后，进入海关办事界面：

传统界面：进入业务部——业务中心，在流程图上点击减免税申请下的第二个"递交材料"按钮，再在弹出的窗口中选择"减免税申请"业务。

游戏界面：在城市地图上点击"海关"建筑，进入报关大厅，再点击"减免税审批"柜台，并在弹出的窗口中选择"减免税申请"业务。

选择并提交进出口货物征免税申请表、合同、商业发票、装箱单、代理报关委托书、进口许可证（海关监管条件含"1"的商品需提供）、自动进口许可证（海关监管条件含"7"的商品需提供），递交材料流程至此结束。等待一段时间后，报关行将收到海关签发的进出口货物征免税证明。

（三）进口报关

1. 进口报关预录入

操作步骤：

（1）以进口报关行角色登录，进入电子口岸界面（两种进入方法）：

传统界面：进入业务部——业务中心，在流程图上点击"报/转关录入"，进入电子口岸界面。

游戏界面：在城市地图上点击"报关行"建筑，进入业务场景，再点击电脑，并在弹出的界面中选择"电子口岸"。

（2）登录后（密码自动代入），选择"报关申报"业务，进入系统，然后选择界面上方菜单"报关单"中的"进口报关单"业务。

（3）在打开的报关单录入/申报界面中逐项录入相关内容，录入时可参考界面最下方的填写说明。填写过程中可随时检查，填写完成后点击"暂存"按钮。

（4）依次点击界面上方的"上载""申报"按钮，将数据发送到海关。

（5）等待一段时间后（报关单状态变为"报关单审结"，报关行收到消息提示时，见图22-3），再点击界面上方的"打印"按钮。打印成功后，即可到业务单证中查看已生成的进口货物报关单。

报关预录入部分至此结束。

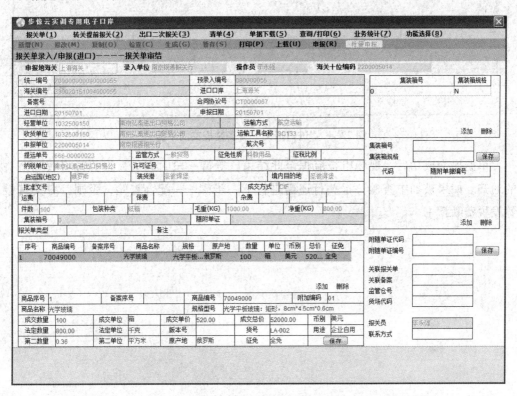

图22-3　报关单审结界面

2. 现场申报

报关预录入成功后，退出电子口岸界面，进入海关办事界面：

传统界面：进入业务部——业务中心，在流程图上点击"现场申报"按钮，再在弹出的窗口中选择"进口报关"业务，并提交商业发票、装箱单、航空运单等单据，如图 22-4 所示。

游戏界面：在城市地图上点"海关"建筑，进入报关大厅，再点击"进口接单征税"柜台，在弹出的窗口中选择"进口报关"业务，并提交商业发票、装箱单、航空运单等单据，如图 22-4 所示。

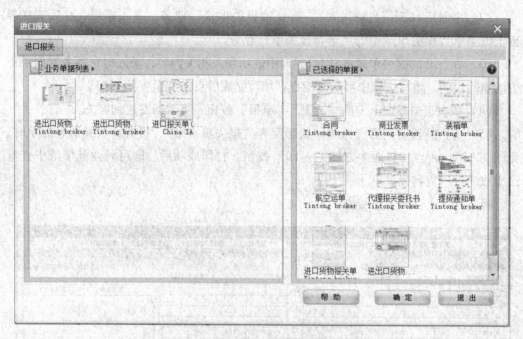

图 22-4　"进口报关"业务需提交的单据

单据提交成功后，现场申报流程至此结束。等待一段时间后，报关行将收到海关的通知。如果被抽中查验，报关行还需进行下一步骤——配合查验，否则，海关直接签发税费缴款书。

实验项目 23 制作暂时进出境货物清单

一、实验要求

请根据给定单据（见图 23-1、图 23-2）制作暂时进出境货物清单（进口）。

ISSUER			形式发票
Germany Bayern Trading Co., Ltd. Thuringer Str. 3080, 89444 Coburg, Bayern, Germany			**PROFORMA INVOICE**
TO			
Shenzhen Yawan Trading Co., Ltd. Building 1-3, Fuhua Industrial Zone, Baoan District, Shenzhen, China			
TRANSPORT DETAILS		NO. IV0000058	DATE 2015-07-01
From Hamburg, Germany to Shanghai, China, Ready shipment By air		S/C NO. CT0000072	S/C DATE 2015-07-01
TERMS OF PAYMENT 100 % by T/T			

Product No.	Description of goods	Quantity	Unit Price	Amount
			CIP ▼ Shanghai, China ▼	
NA-001	Video Camera Pixel: 700W; optical zoom: 12 times; LCD screen: 2.7 inch	100 SETS	USD 920.00	USD 92000.00
	Total: [100] [SETS]			[USD] [92000.00]

SAY TOTAL: SAY USD NINETY TWO THOUSAND ONLY

MARKS AND NUMBERS:

N/M

Germany Bayern Trading Co., Ltd.

Bill

图 23-1 形式发票

暂时进出口协议
TEMPORARY IMPORT&EXPORT AGREEMENT

NO. : CT0000072

DATE : 2015-07-01

甲方：德国拜尔贸易公司

PARTY A：Germany Bayern Trading Co., Ltd.

乙方：深圳市亚万贸易有限公司

PARTY C：Shenzhen Yawan Trading Co., Ltd.

甲方为协议项下货物的出口商，乙方为本协议项下货物的用户。甲、乙方经友好协商，达成本协议：

Party A is the exporter; Party C is the end user. The above parties agree to sign the agreement as following clauses.

乙方从甲方暂时进口 摄像机 到 中国上海 以供乙方 新闻报道 ，使用完毕后会在六个月内复出口回 德国汉堡 退回甲方。

Party C is consigned by part C and import Video Camera to Shanghai,China from party A transitorily, for News Report , We will re-export to Hamburg,Germany within 6 months after using.

一、货物信息

The Description of the goods

货物编号 Product No.	名称及规格 Description of goods	数量 Quantity	单价 Unit Price	金额 Amount
			CIP	Shanghai,China
NA-001	Video Camera Pixel: 700W; optical zoom: 12 times; LCD screen: 2.7 inch	100 SETS	USD 920.00	92000.00
总值TOTAL：		100 SETS		USD 92000.00

Say Total (金额大写)： USD NINETY TWO THOUSAND ONLY

二、运输方式： 空运 。乙方保证在检测完毕后将货物全部退回甲方公司。

Terms of transportation： By air

三、结汇方式： 电汇 。

Terms of payment: T/T

四、若因乙方原因造成滞港、滞箱、仓储等费用，由乙方承担。

If the delay of the customs clearance due to the party C. the party C will pay the surcharge.

五、如乙方保证金未能按时给付而造成的滞纳、滞报、滞港等一切经济损失，乙方负全部责任。

If the delay of the customs clearance due to the party C, the party C will pay the surcharge.

六、协议的有效期

Valid of the agreement

本协议有效期到进出口业务履行完毕及乙方付清全部费用时终止。

The agreement will not terminate until finish the import&export operation and Party C pay the whole fee (including agent fee) to party A.

七、不可抗力

Force Majeure

由于签约双方在签约时不能预料，不能抗拒的事件造成的不能交货或延迟交货，乙方得以免责，包括以下几点：

An event of Force Majeure means the event that the parties could not foresee and occurrence and consequences cannot be avoided and cannot be overcome.

1.自然灾害；2.国内外政府禁令，政策变化及进口限制；3.战争罢工、暴乱等社会事件；4.其他不可抗力因素

1. Nature Calamity;2. Inside and outside government ban, policy changes and import restrict;

3.War ,strike ; 4.other Force Majeure

本协议一式二份，双方各执一份，未尽事宜两方协商解决，协商不成，提交乙方所在地法院仲裁。

This agreement is made in two originals ,one for each party .All disputes arising from the execution of the agreement shall be settled through amicable consultation by all parties .In case no settlement can be reached, the disputes be submitted for arbitration.

甲方： 德国拜尔贸易公司

PARTY A： Germany Bayern Trading Co., Ltd.

乙方： 深圳市亚万贸易有限公司

PARTY C： Shenzhen Yawan Trading Co., Ltd.

图 23-2 暂时进出口协议

二、制单结果

根据形式发票、暂时进出口协议制作的暂时进出境货物清单如图 23-3 所示。

暂时进出境货物清单

申请暂时进（出）境单位名称：	深圳市亚万贸易有限公司					
申请人地址：	中国深圳市宝安区富华工业区1-3楼					
联系人：	杨军		联系电话：	86-755-85615236		
暂时进（出）境货物类别：	在会议及类似活动中使用的货物					
暂时进（出）境货物征免税类别：	在会议及类似活动中使用的货物					
申请暂时进（出）境期限：	2016 年 2 月 8 日					
序号	商品编码	商品名称	规格型号		数量及单位	货值及币制
1	8525801200	摄像机	像素：700万；光学变焦：12倍；LCD液晶屏：2.7英寸		100 台(001)	美元(502) 92000.00
一次延期期限：	年 月 日		延期事项：			
二次延期期限：	年 月 日		延期事项：			
三次延期期限：	年 月 日		延期事项：			
				申请人（签印）： 深圳市亚万贸易有限公司		
				2015 年 8 月 12 日		

图 23-3 暂时进出境货物清单

注：1 英寸约等于 0.025 米，下同。

实验项目 24 暂准进出境测量仪器

一、实验要求

请以出口报关行角色登录，进入电子口岸界面，完成出口报关预录入、申报及打印等操作。

二、操作步骤

（1）以出口报关行角色登录，进入电子口岸界面（两种进入方法）：

传统界面：进入业务部——业务中心，在流程图上点击"报/转关录入"，进入电子口岸界面。

游戏界面：在城市地图上点击"报关行"建筑，进入业务场景，再点击电脑，并在弹出的界面中选择"电子口岸"。

（2）登录后（密码自动代入），选择"报关申报"业务，进入系统，然后选择界面上方菜单"报关单"中的"出口报关单"业务。

（3）在打开的报关单录入/申报界面中逐项录入相关内容，录入时可参考界面最下方的填写说明。填写过程中可随时检查，填写完成后点击"暂存"按钮。

（4）依次点击界面上方的"上载""申报"按钮，将数据发送到海关。

（5）等待一段时间后（报关单状态变为"报关单审结"，报关行收到申报成功的消息提示时，见图24-1），再点击界面上方的"打印"按钮。打印成功后，即可到业务单证中查看已生成的出口货物报关单。

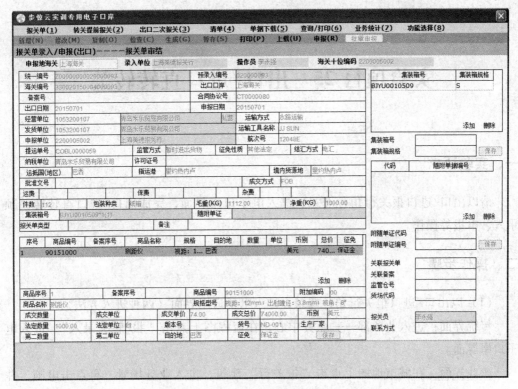

图 24-1 报关单审结界面

实验项目 25 出口/进口直转转关

一、实验要求

请以出口/进口报关行角色登录，进入电子口岸界面，完成出口/进口直转转关预录入、申报等操作。

二、操作步骤

（1）以出口/进口报关行角色登录，进入电子口岸界面（两种进入方法）：

传统界面：进入业务部——业务中心，在流程图上点击"报/转关录入"，进入电子口岸界面。

游戏界面：在城市地图上点击"报关行"建筑，进入业务场景，再点击电脑，并在弹出的界面中选择"电子口岸"。

（2）登录后（密码自动代入），选择"转关申报"业务，进入系统，然后选择界面上方菜单"转关单"中的"出口/进口业务"。

（3）在打开的界面中逐项录入相关内容，录入时可参考界面最下方的填写说明。填写过程中可随时检查，填写完成后点击"暂存"按钮。

（4）依次点击界面上方的"上载""申报"按钮，将数据发送到海关。

（5）等待一段时间后，报关行将收到消息提示，即审核通过，如图 25-1 和图 25-2 所示。

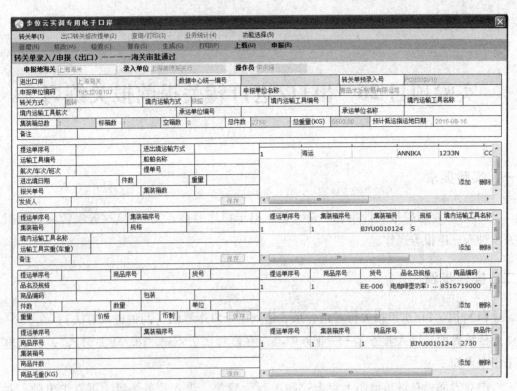

图 25-1 "转关单录入／申报（出口）"审批通过界面

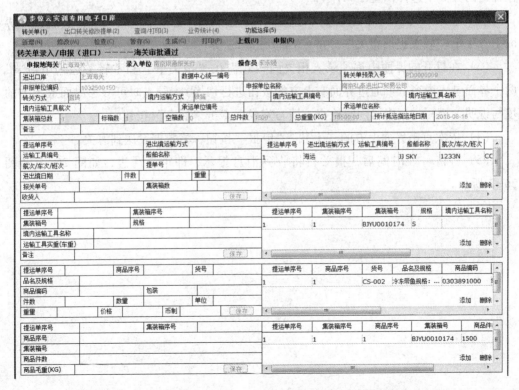

图 25-2 "转关单录入／申报（进口）"审批通过界面

实验项目 26 出口/进口转关提前报关练习

一、实验要求

请以出口/进口报关行角色登录，进入电子口岸界面，完成出口/进口转关提前报关预录入、申报等操作。

二、操作步骤

（1）以出口/进口报关行角色登录，进入电子口岸界面（两种进入方法）：

传统界面：进入业务部——业务中心，在流程图上点击"报/转关录入"，进入电子口岸界面。

游戏界面：在城市地图上点击"报关行"建筑，进入业务场景，再点击电脑，并在弹出的界面中选择"电子口岸"。

（2）登录后（密码自动代入），选择"报关申报"业务，进入系统，然后选择界面上方菜单"转关提前报关"中的"出口/进口业务"。

（3）在打开的界面中逐项录入相关内容（需在"报关单"和"转关运输申报单"两个界面录入内容，可通过界面右上方的按钮进行切换），录入时可参考界面最下方的填写说明。填写过程中可随时检查，填写完成后点击"暂存"按钮。

（4）依次点击界面上方的"上载""申报"按钮，将数据发送到海关。

（5）等待一段时间后，报关行将收到消息提示，即审核通过，如图 26-1 和图 26-2 所示。

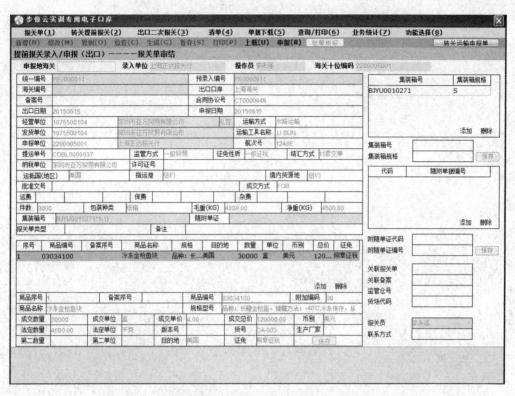

图 26-1 "提前报关录入/申报（出口）"业务报关单审结界面

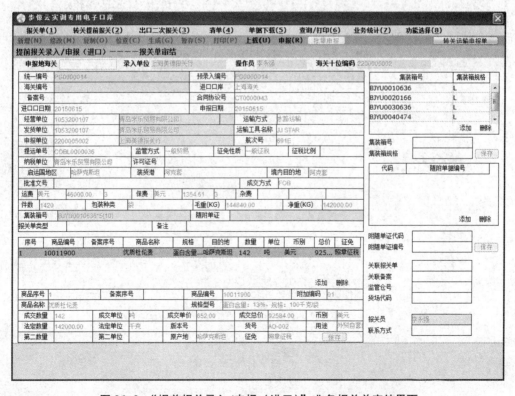

图 26-2 "提前报关录入/申报（进口）"业务报关单审结界面

第二部分
报检实验项目篇

实验项目1 制单——一般原产地证明书

一、实验要求

请根据商业发票（见图1-1）和装箱单（见图1-2）制作一般原产地证明书。

ISSUER Nanjing Hontay Import & Export Trade Company No.390 jiangning economic development zone, Nanjing, China	商业发票 **COMMERCIAL INVOICE**		
TO Crystal Co., Ltd. No.20 Spring street Johannesburg, South Africa			
TRANSPORT DETAILS From Shanghai,China to Capetown,South Africa Ready shipment By air	NO. IV0000007		DATE 2015-07-01
	S/C NO. CT0000007		L/C NO.
TERMS OF PAYMENT 100 % by D/A at 30 days after sight			
Product No.	Description of goods	Quantity	Unit Price	Amount
			CPT ▼ Capetown,South Africa ▼	
AU-007	Lady Perfume Type: Floral, Capacity: 50ml	21000 BOTTLES	USD 15.00	USD 315000.00
	Total: [21000][BOTTLES]			[USD][315000.00]

SAY TOTAL: SAY USD THREE HUNDRED AND FIFTEEN THOUSAND ONLY

MARKS AND NUMBERS:

N/M

Nanjing Hontay Import & Export Trade Company
Yuwen Tang

图1-1 商业发票

ISSUER					
Nanjing Hontay Import & Export Trade Company No.390 jiangning economic development zone, Nanjing, China				装箱单 **PACKING LIST**	

TO					
Crystal Co., Ltd. No.20 Spring street Johannesburg, South Africa			PACKING LIST NO. PL0000013		
			INVOICE NO. IV0000007	DATE 2015-07-01	

Product No.	Description of goods	Package	G.W	N.W	Meas.
AU-007	Lady Perfume Type: Floral, Capacity: 50ml	140 CARTONS	1470.00 KGS	1050.00 KGS	9.2400 CBM
	Total:	[140 [CARTONS	] [1470.00] [KGS	] [1050.00] [KGS	] [9.2400] [CBM]

SAY TOTAL: ONE HUNDRED AND FORTY CARTONS

MARKS AND NUMBERS:

N/M

Nanjing Hontay Import & Export Trade Company

Yuwen Tang

图 1-2　装箱单

二、制单情况

根据商业发票和装箱单制作的一般原产地证明书如图 1-3 所示。

ORIGINAL

1. Exporter Nanjing Hontay Import & Export Trade Company No.390 jiangning economic development zone, Nanjing, China China	Certificate No. C132075501040004
2. Consignee Crystal Co., Ltd. No.20 Spring street Johannesburg, South Africa South Africa	**CERTICATE OF ORIGIN**
3. Means of transport and route From Shanghai to Capetown By air	5. For certifying authority use only
4. Country/region of destination South Africa	

6. Marks and numbers	7. Number and kind of packages; description of goods	8. H.S.Code	9. Quantity	10. Number and date of invoices
N/M	one hundred and forty(140) cartons of Lady Perfume Type: Floral, Capacity: 50ml	3303000000	21000 BOTTLES	IV0000007 July 1,2015

11. Declaration by the exporter	12. Certification
The undersigned hereby declares that the above details and statement are correct; that all the goods were produced in China and that they comply with the Rules of origin of the People's Republic of China Nanjing Hontay Import & Export Trade Company Yuwen Tang China 2016-09-02 Place and date, signature and stamp of authorised signatory	It is hereby certified that the Declaration by the exporter is correct. Place and date, signature and stamp of certifying authority

图 1-3　一般原产地证明书

实验项目 2　制单——普惠制原产地证明书

一、实验要求

请根据商业发票（见图 2-1）和装箱单（见图 2-2）制作普惠制原产地证明书。

ISSUER		
Shanghai Yongxin Trading Co., Ltd. 8# Ji Long Road, WaiGaoqiao Free Trade Zone, Shanghai, China	商业发票 **COMMERCIAL INVOICE**	

TO		
Kazakhstan Leger Import & Export Trade Company 247A, Merlebard Street, Atyrau, Kazakhstan		

TRANSPORT DETAILS	NO.	DATE
From Shanghai,China to Aktau,Kazakhstan Ready shipment By air	IV0000004	2015-07-01
	S/C NO. CT0000004	L/C NO.

TERMS OF PAYMENT
100 % by D/P at 60 days after sight

Product No.	Description of goods	Quantity	Unit Price	Amount
			CIP ▾　Aktau,Kazakhstan　▾	
AQ-003	Fashion Sunglasses Frame Material: Metal, Lens Material: Resin, Visible light clairvoyant rate: 85%	12060 PAIRS	USD 10.00	USD 120600.00
	Total: [12060　][PAIRS　]			[USD][120600.00]

SAY TOTAL:　SAY USD ONE HUNDRED AND TWENTY THOUSAND SIX HUNDRED ONLY

MARKS AND NUMBERS:
N/M

Shanghai Yongxin Trading Co., Ltd.
Guoxin Wang

图 2-1　商业发票

ISSUER				装箱单	
Shanghai Yongxin Trading Co., Ltd.				**PACKING LIST**	
8# Ji Long Road, WaiGaoqiao Free Trade Zone, Shanghai, China					
TO					
Kazakhstan Leger Import & Export Trade Company		PACKING LIST NO.			
247A, Merlebard Street, Atyrau, Kazakhstan		PL0000005			
		INVOICE NO.		DATE	
		IV0000004		2015-07-01	
Product No.	Description of goods	Package	G.W	N.W	Meas.
AQ-003	Fashion Sunglasses Frame Material: Metal, Lens Material: Resin, Visible light clairvoyant rate: 85%	67 CARTONS	469.00 KGS	335.00 KGS	1.4472 CBM
Total:		[67] [CARTONS]	[469.00] [KGS]	[335.00] [KGS]	[1.4472] [CBM]

SAY TOTAL: SIXTY SEVEN CARTONS

MARKS AND NUMBERS:

N/M

Shanghai Yongxin Trading Co., Ltd.

Guoxin Wang

图 2-2 装箱单

二、制单情况

根据商业发票和装箱单制作的普惠制原产地证明书如图 2-3 所示。

ORIGINAL

1. Good consigned from (Exporter's business name,address,country) Shanghai Yongxin Trading Co., Ltd. 8# Ji Long Road, WaiGaoqiao Free Trade Zone, Shanghai, China China	Reference No. GP/000/0002 <div align="center">**GENERALIZED SYSTEM OF PREFERENCES** **CERTIFICATE OF ORIGIN** (Combined declaration and certificate)</div>
2. Goods consigned to(Consignee's name,address,country) Kazakhstan Leger Import & Export Trade Company 247A, Merlebard Street, Atyrau, Kazakhstan Kazakhstan	<div align="center">**FORM A**</div>
3. Means of transport and route(as far as Known) FROM Shanghai TO Aktau By air	4. For official use

Item number	6. Marks and numbers of packages	7. Number and kind of packages;description of goods	8. Origin criterion (see Notes overleaf)	9. Gross weight or other quantity	10. Number and date of invoices
1	N/M	sixty seven(67)cartons of Fashion Sunglasses Frame Material: Metal, Lens Material: Resin, Visible light clairvoyant rate: 85%	"P"	12060 PAIRS	IV0000004 July 1,2015

11. Certification It is hereby certified,on the basis of control carried out,that the declaration by the exporter is correct Place and date, signature and stamp of certifying authority	12. Declaration by the exporter The undersigned herby declares that the above details and statements are correct,that all the goods were produced in _____China_____ (country) and that they comply with the origin requirements specified for those goods in the Generalized System of Preferences for goods exported to _____Kazakhstan_____ (importing country) 2016-09-02 Shanghai Yongxin Trading Co., Ltd. Place and date, signature and stamp of certifying authority

图 2-3 普惠制原产地证明书 （Form A）

实验项目3 制单——中国-东盟自由贸易区优惠原产地证明书

一、实验要求

请根据商业发票（见图3-1）、装箱单（见图3-2）、国际海运货物委托书（见图3-3）、订舱确认书（见图3-4）制作中国-东盟自由贸易区优惠原产地证明书。

ISSUER			
Shenzhen Yawan Trading Co., Ltd. Building 1-3, Fuhua Industrial Zone, Baoan District, Shenzhen, China	**商业发票** **COMMERCIAL INVOICE**		
TO			
Hux Group Import & Export Co., Ltd. Center Tower A, Bali, Pontianak, Indonesia			
TRANSPORT DETAILS	NO. IV0000008		DATE 2015-07-01
From Shanghai,China to Jakarta,Indonesia Shipment within 30 days after receipt of L/C By sea	S/C NO. CT0000008		L/C NO.
TERMS OF PAYMENT 100 % by L/C at sight			

Product No.	Description of goods	Quantity	Unit Price	Amount
			FOB ▾ Shanghai,China ▾	
CV-001	Men's Tang Suit Fabric: artificial silk and dacron, color: different colours	16000 PCS	USD 15.50	USD 248000.00
	Total: [16000][PCS]			[USD][248000.00]

SAY TOTAL: SAY USD TWO HUNDRED AND FORTY EIGHT THOUSAND ONLY

MARKS AND NUMBERS:

N/M

Shenzhen Yawan Trading Co., Ltd.

Yang Jun

图3-1 商业发票

ISSUER					
Shenzhen Yawan Trading Co., Ltd. Building 1-3, Fuhua Industrial Zone, Baoan District, Shenzhen, China			**装箱单** **PACKING LIST**		
TO					
Hux Group Import & Export Co., Ltd. Center Tower A, Bali, Pontianak, Indonesia		PACKING LIST NO. PL0000016			
		INVOICE NO. IV0000008		DATE 2015-07-01	
Product No.	Description of goods	Package	G.W	N.W	Meas.
CV-001	Men's Tang Suit Fabric: artificial silk and dacron, color: different colours	800 CARTONS	6160.00 KGS	5600.00 KGS	24.0000 CBM
	Total:	[800] [CARTONS]	[6160.00] [KGS]	[5600.00] [KGS]	[24.0000] [CBM]

SAY TOTAL: EIGHT HUNDRED CARTONS

MARKS AND NUMBERS:

N/M

Shenzhen Yawan Trading Co., Ltd.

Yang Jun

图 3-2　装箱单

International Logistics Co., Ltd.
国际进出口货运代理公司
INSTRUCTION FOR CARGO BY SEA
国际海运货物委托书

SHIPPER(发货人)	Shenzhen Yawan Trading Co., Ltd.		TEL	86-755-85615236	☑ 委托代理报关
ADDRESS(地址)	Building 1-3, Fuhua Industrial Zone, Baoan District, Shenzhen, China				☑ 委托提货运输

DATE(日期)	2015-08-05	
CONSIGNEE(收货人)	TO ORDER	TEL
ADDRESS(地址)		

ALSO NOTIFY(并通知)	Hux Group Import & Export Co., Ltd.	TEL	62-21-5205502
ADDRESS(地址)	Center Tower A, Bali, Pontianak, Indonesia		
PLACE OF SHIPMENT(起运地)	Shanghai,China		
PLACE OF DELIVERY(目的地)	Jakarta,Indonesia		
PORT OF DISCHARGE(卸货港)	Jakarta,Indonesia		
OCEAN VESSEL/VOYAGE(船名/航次)	PAPHOS	757E	

DESCRIPTION OF GOODS 货物名称及描述	MARKS & NUMBERS 唛头	NO.OF PACKAGE 件数	GROSS WEIGHT/KG 毛重	NET WEIGHT/KG 净重	MEAS/CBM 体积
Men's Tang Suit Fabric: artificial silk and dacron, color: different colours	N/M	800 CARTONS	6160.00 KGS	5600.00 KGS	24.0000 CBM
TOTAL:		800 CARTONS	6160.00 KGS	5600.00 KGS	24.0000 CBM

RATE AGREED运费议定	SPECIAL INSTRUCTIONS 特别附注
☑ 货柜 ☐ 拼箱	

柜型及数量	☑ 20' CONTAINER X 1	☐ 40' CONTAINER X	☐ 40' HQ X
	☐ 20' REEFER X	☐ 40' REEFER X	☐ 40' REEFER HIGH
	☐ 20' Platform X	☐ 40' Platform X	
	☐ 20' Car X	☐ 40' Car X	

IMPORTANT-Please indicate freight payment by WHOM.	FREIGHT(运费) ☐ PREPAID ☑ COLLECT	LOCAL CHARGES (本地运费) ☐ PREPAID ☐ COLLECT
OTHRE CHARGE(其他费用)		

DOCUMENT 文件单据	INVOICE发票#:	IV0000008	OTHER DOCUMENT 1#& NO:
	PACKING LIST装箱单#:	PL0000016	OTHER DOCUMENT 2#& NO:

注意事项：
委托前请仔细阅读

1.由于收货人拒绝收货或延迟收货,所产生的所有费用包括货物退程的费用,由委托人承担,委托人应在接到通知7日内支付,并承担相关法律责任;

2.委托人交付的货物,其申报价值如果在USD600以上,请自行购买保险,并书面通知我公司相关人员;对于虚报所产生责任由委托人承担;

3.货物应具有符合海运输要求的完整包装,若收货人对货物有任何异议,应在报货前提出,并得到放货单位书面确认;否则将被视为主动放弃;

4.托运人需要在我司要求的付款时间内结清全部费用,托运人承诺如不按时支付运费,将按5%缴纳滞纳金,并且承运人有权采取任何措施收回运费;

5.客户应及时,准确提供有关单证。如无特殊要求,一律按可转船、可分批处理,运费到、预付不填,按预付处理,托运人承担由此引起的一切损失。

CONSIGNOR'S DETAIL委托人资料

CONSIGNOR'S NAME &ADDERSS (公司名称及地址)	Shenzhen Yawan Trading Co., Ltd. Building 1-3, Fuhua Industrial Zone, Baoan District, Shenzhen, China	INSTRUCTION BY: (经手人) SIGNED & CHOPPED: 签 字 及 盖 章	委托人声明:1.已经阅读以上注意事项并同意。 2.所委托的货物及包装不涉及违反起运国和目的国相关法律及国际海运运输安全规定,并对此承担相应责任。 Yang Jun

图 3-3 国际海运货物委托书

国际进出口货运代理公司

International Logistics Co., Ltd.

To(订舱人): Shenzhen Yawan Trading Co., Ltd.

Date(出运日期): 2015-08-05

Port of Discharge(目的港): Jakarta

Country of Discharge(目的国): Indonesia

Container(集装箱): 1 X 20'GP

Vessel / Flight(船名/航班号): PAPHOS

Voy. No.(航次): 757E

图 3-4　订舱确认书

二、制单情况

根据商业发票、装箱单、国际海运货物委托书、订舱确认书等制作的中国-东盟自由贸易区优惠原产地证明书如图 3-5 所示。

Original

1. Goods consigned from (Exporter's business name, address, country) Shenzhen Yawan Trading Co., Ltd. Building 1-3, Fuhua Industrial Zone, Baoan District, Shenzhen, China China	Reference No. TA001130003 ASEAN-CHINA FREE TRADE AREA PREFERENTIAL TARIFF CERTIFICATE OF ORIGIN (Combined Declaration and Certificate) FORM E Issued in _____China_____ (Country)
2. Goods consigned to (Consignee's name, address, country) Hux Group Import & Export Co., Ltd. Center Tower A, Bali, Pontianak, Indonesia Indonesia	See Overleaf Notes
3. Means of transport and route (as far as known) Departure date 2015-08-05 Vessel's name/Aircraft etc. PAPHOS Port of Discharge Jakarta	4. For Official Use ☐ Preferential Treatment Given Under ASEAN-CHINA Free Trade Area Preferential Tariff: ☐ Preferential Treatment Not Given (Please state reason/s) _____ Signature of Authorised Signatory of the Importing Country

5. Item number	6. Marks and numbers on packages	7. Number and type of packages, description of products (including quantity where appropriate and HS number of the importing Country)	8. Origin criteria (see Notes Overleaf)	9. Gross weight or other quantity and value(FOB)	10. Number and date of invoices
1	N/M	EIGHT HUNDRED(800)CARTONS OF Men's Tang Suit Fabric: artificial silk and dacron, color: different colours	"X"	16000 PCS	IV0000008 July 1, 2015

| 11. Declaration by the exporter

The undersigned hereby declares that the above details and statement are correct; that all the products were produced in

China
(Country)

and that they comply with the origin requirements specified for these goods in the ASEAN-CHINA Free Trade Area Preferential Tariff for the goods exported to

Indonesia
(Importing Country)

2016-09-02
Place and date, signature of authorised signatory | 12. Certification

It is hereby certified, on the basis of control carried out, that the Declaration by the exporter is correct.

Place and date, signature and stamp of certifying authority |

图 3-5　中国-东盟自由贸易区优惠原产地证明书（Form E）

实验项目 4　制单——《亚太贸易协定》优惠原产地证明书

一、实验要求

请根据商业发票（见图 4-1）和装箱单（见图 4-2）制作《亚太贸易协定》优惠原产地证明书。

ISSUER		商业发票 COMMERCIAL INVOICE	
Shenzhen Yawan Trading Co., Ltd. Building 1-3, Fuhua Industrial Zone, Baoan District, Shenzhen, China			
TO			
June System Trading Co., Ltd. Jinding Garden Busan, Korea			
TRANSPORT DETAILS		NO.	DATE
From Shanghai,China to Busan,Korea Ready shipment By sea		IV0000028	2015-07-01
		S/C NO. CT0000038	L/C NO.
TERMS OF PAYMENT			
100 % by D/A at 30 days after sight			
Product No.	Description of goods	Quantity	Unit Price	Amount
			FOB ▼ Shanghai,China ▼	
DA-002	Frozen Ox Liver Storage Type: Frozen, Specification: 20kgs/carton	94 MTS	USD 1900.00	USD 178600.00
	Total: [94][MTS]			[USD][178600.00]

SAY TOTAL:　SAY USD ONE HUNDRED AND SEVENTY EIGHT THOUSAND SIX HUNDRED ONLY

MARKS AND NUMBERS:

N/M

Shenzhen Yawan Trading Co., Ltd.
Yang Jun

图 4-1　商业发票

ISSUER Shenzhen Yawan Trading Co., Ltd. Building 1-3, Fuhua Industrial Zone, Baoan District, Shenzhen, China	装箱单 **PACKING LIST**	
TO June System Trading Co., Ltd. Jinding Garden Busan, Korea	PACKING LIST NO. PL0000053	
	INVOICE NO. IV0000028	DATE 2015-07-01

Product No.	Description of goods	Package	G.W	N.W	Meas.
DA-002	Frozen Ox Liver Storage Type: Frozen, Specification: 20kgs/carton	4700 CARTONS	103400.00 KGS	94000.00 KGS	98.7000 CBM
Total:		[4700 [CARTONS　]	[103400.00　] [KGS　　　]	[94000.00　] [KGS　　　]	[98.7000　] [CBM　　　]

SAY TOTAL:　FOUR THOUSAND SEVEN HUNDRED CARTONS

MARKS AND NUMBERS:

N/M

Shenzhen Yawan Trading Co., Ltd.

Yang Jun

图 4-2　装箱单

二、制单情况

根据商业发票和装箱单制作的《亚太贸易协定》优惠原产地证明书如图 4-3 所示。

1.Goods consigned from: (Exporter's business name, address, country) Shenzhen Yawan Trading Co., Ltd. Building 1-3, Fuhua Industrial Zone, Baoan District, Shenzhen, China China	Reference No. B132075501040003 **CERTIFICATE OF ORIGIN** **Asia-Pacific Trade Agreement** (Combined declaration and certificate) Issued in China (Country)

2. Goods consigned to: (Consignee's name, address, country) June System Trading Co., Ltd. Jinding Garden Busan, Korea Korea	3. For Official use

4. Means of transport and route:
FROM Shanghai TO Busan By sea

5.Tariff item number:	6.Marks and number of Packages:	7.Number and kind of packages/description of goods:	8.Origin criterion (see notes overleaf)	9.Gross weight or other quantity:	10.Number and date of invoices:
0206220000	N/M	FOUR THOUSAND SEVEN HUNDRED (4700)CARTONS OF Frozen Ox Liver Storage Type: Frozen, Specification: 20kgs/carton	"A"	94 MTS	IV0000028 July 1,2015

11. Declaration by the exporter : The undersigned hereby declares that the above details and statements are correct: that all the goods were produced in China (Country) and that they comply with the origin requirements specified for these goods in the Asia-Pacific Trade Agreement for goods exported to Korea (Importing Country) 2016-09-02 Place and date, signature of authorized Signatory	12. Certificate It is hereby certified on the basis of control carried out, that the declaration by the exporter is correct. Place and date, signature and Stamp of Certifying Authority

图 4-3 《亚太贸易协定》优惠原产地证明书 (Form B)

实验项目 5 申请一般产地证练习

一、实验要求

请以出口商角色登录，填制商业发票、装箱单、原产地证明书申请书和一般原产地证明书，向检验机构申请办理一般产地证。

二、操作步骤

（1）分别添加商业发票（见图 5-1）、装箱单（见图 5-2）、原产地证明书申请书（见图 5-3）进行填写。

（2）根据合同中具体要求的产地证种类，添加对应的产地证书即一般原产地证明书（见图 5-4）进行填写（每张单据填写完成后点击左边的"！"号进行检查，如果单据标题处显示绿色的"√"，说明填写通过，可以使用）。

（3）进入"检验机构"：

方法 1：进入【业务流程】页面，点击"申请产地证"，进入检验机构界面，再点击"申请产地证"。

方法 2：进入【业务办理】页面，点击"检验机构"建筑，进入报检大厅，再点击"原产地签证"柜台，选择"申请产地证"业务。

（4）选择并提交商业发票、装箱单、原产地证明书申请书和一般原产地证明书，完成产地证的申请。

ISSUER			
Shenzhen Yawan Trading Co., Ltd. Building 1-3, Fuhua Industrial Zone, Baoan District, Shenzhen, China		商业发票 **COMMERCIAL INVOICE**	
TO			
Golden Sun International Trading Co., Ltd. No.4400 West National Ave.Milwaukee, WI 53214, U.S.A.			
TRANSPORT DETAILS		NO. IV0000001	DATE 2015-07-06
From Shanghai,China to New York,America Ready shipment By sea		S/C NO. CT0000001	L/C NO.

TERMS OF PAYMENT

100 % by D/P at sight

Product No.	Description of goods	Quantity	Unit Price	Amount
			FAS ▾ Shanghai,China ▾	
DA-001	Frozen Oxtongue Storage Type: Frozen, Specification: 20kgs/carton	70 MTS	USD 2200.00	USD 154000.00
	Total: [70][MTS]			[USD][154000.00]

SAY TOTAL: SAY USD ONE HUNDRED AND FIFTY FOUR THOUSAND ONLY

MARKS AND NUMBERS:

N/M

Shenzhen Yawan Trading Co., Ltd.

Yang Jun

图 5-1 商业发票

ISSUER					
Shenzhen Yawan Trading Co., Ltd.					
Building 1-3, Fuhua Industrial Zone, Baoan District, Shenzhen, China		装箱单 PACKING LIST			

TO

Golden Sun International Trading Co., Ltd.
No.4400 West National Ave.Milwaukee, WI 53214, U.S.A.

PACKING LIST NO.	
PL0000548	
INVOICE NO.	DATE
IV0000001	2015-07-06

Product No.	Description of goods	Package	G.W	N.W	Meas.
DA-001	Frozen Oxtongue Storage Type: Frozen, Specification: 20kgs/carton	3500 CARTONS	77000.00 KGS	70000.00 KGS	73.5000 CBM
Total:		[3500] [CARTONS]	[77000.00] [KGS]	[70000.00] [KGS]	[73.5000] [CBM]

SAY TOTAL: THREE THOUSAND FIVE HUNDRED CARTONS

MARKS AND NUMBERS:

N/M

Shenzhen Yawan Trading Co., Ltd.

Yang Jun

图 5-2 装箱单

原产地证明书申请书

申请单位及注册号码（盖章）：深圳市亚万贸易有限公司440300207550104　　　　　　　证书号码：G132075501040390

申请人郑重声明：

　　本人是被正式授权代表申请单位申请办理原产地证明书和签署本申请书的。

　　本人所提供原产地证明书及所附单据内容正确无误，如发现弄虚作假，冒充证书所列货物，擅改证书，自愿按照有关规定接受处罚并负法律责任。现将有关情况申报如下：

申请单位	深圳市亚万贸易有限公司			联系人	杨军	电话	86-755-85615236	
序号	HS编码	货物名称	进口成分	生产企业		数/重量	单位	FOB值（美元）
1	0206210000	冷冻牛舌		中国海德实业公司		70.00	MTS	USD 154000.00
发票号码		IV0000001			商品FOB总值（美元）		USD	154000.00

贸易方式（请在相应的"口"内处打"√"）

☑一般贸易	□加工贸易	□零售	□展卖	□其他

中转国/地区		最终销售国	美国	出口日期	2016-09-02

申请证书类型：（请在相应的"口"内处打"√"）

1. ☑ 出口货物一般原产地证明书；
2. □ 加工装配证明书；
3. □ 普惠制原产地证明书；
4. □《亚太贸易协定》优惠原产地证明书；
5. □ 中国-东盟自由贸易区优惠原产地证明书；
6. □ 中国-巴基斯坦自由贸易区优惠原产地证明书；
7. □ 中国-智利自由贸易区优惠原产地证明书；
8. □ 烟草真实性证明书；
9. □ 转口证明书；
10. □ 其他原产地证明书（请列明_____）

备注：

申报员（签名）：杨军

电话：86-755-85615236

日期：2016 年 9 月 2 日

现提交出口商业发票副本一份，原产地证明书一套，以及其他附件　　　份，请予审核签证。

*注："进口成分"指产品含进口成分的情况，如不含进口成分，则填0%；若含进口成分，则填进口成分占产品出厂价的百分比。

图 5-3　原产地证明书申请书

ORIGINAL

1. Exporter Shenzhen Yawan Trading Co., Ltd. Building 1-3, Fuhua Industrial Zone, Baoan District, Shenzhen, China China	Certificate No. C132075501040270
2. Consignee Golden Sun International Trading Co., Ltd. No.4400 West National Ave.Milwaukee, WI 53214, U.S.A. America	**CERTICATE OF ORIGIN**
3. Means of transport and route From Shanghai to New York By sea	5. For certifying authority use only
4. Country/region of destination America	

6. Marks and numbers	7. Number and kind of packages; description of goods	8. H.S.Code	9. Quantity	10. Number and date of invoices
N/M	three thousand five hundred(3500) cartons of Frozen Oxtongue Storage Type: Frozen, Specification: 20kgs/carton	0206210000	70 MTS	IV0000001 July 6,2015

11. Declaration by the exporter	12. Certification
The undersigned hereby declares that the above details and statement are correct; that all the goods were produced in China and that they comply with the Rules of origin of the People's Republic of China Shenzhen Yawan Trading Co., Ltd. Yang Jun China 2016-09-02 Place and date, signature and stamp of authorised signatory	It is hereby certified that the Declaration by the exporter is correct. Place and date, signature and stamp of certifying authority

图 5-4　一般原产地证明书

实验项目 6　制单——出境货物报检单

一、实验要求

　　这是一笔以 D/A（承兑交单）方式出口冷冻牛肝的海运业务，定于 2015 年 7 月 18 日出运。由于商品冷冻牛肝（H.S.编码：0206220000）的海关监管条件中含"B"，属于法定商检货物，需先完成出口检验才能通关，因此出口商完成备货及订舱后，于 2015 年 7 月 14 日开始准备报检所需相关单据，并委托报检行办理出口报检事宜。请你根据形式发票（见图 6-1）、装箱单（见图 6-2）、国际海运货物委托书（见图 6-3）、订舱确认书（见图 6-4）等单据，制作出境货物报检单。

ISSUER				
Shenzhen Yawan Trading Co., Ltd. Building 1-3, Fuhua Industrial Zone, Baoan District, Shenzhen, China		形式发票 **PROFORMA INVOICE**		
TO				
June System Trading Co., Ltd. Jinding Garden Busan, Korea				
TRANSPORT DETAILS		NO. IV0000028		DATE 2015-07-01
From Shanghai,China to Busan,Korea, Ready shipment By sea		S/C NO. CT0000038		S/C DATE 2015-07-01
TERMS OF PAYMENT				
100 % by D/A at 30 days after sight				
Product No.	Description of goods	Quantity	Unit Price	Amount
			FOB ▾ Shanghai,China ▾	
DA-002	Frozen Ox Liver Storage Type: Frozen, Specification: 20kgs/carton	94 MTS	USD 1900.00	USD 178600.00
		Total:　[94 　] [MTS 　]		[USD] [178600.00]
SAY TOTAL:　　SAY USD ONE HUNDRED AND SEVENTY EIGHT THOUSAND SIX HUNDRED ONLY				
MARKS AND NUMBERS: N/M				
		Shenzhen Yawan Trading Co., Ltd. Yang Jun		

图 6-1　形式发票

ISSUER					
Shenzhen Yawan Trading Co., Ltd.					
Building 1-3, Fuhua Industrial Zone, Baoan District, Shenzhen, China			装箱单 PACKING LIST		

TO		
June System Trading Co., Ltd.		
Jinding Garden Busan, Korea		

PACKING LIST NO.	
PL0000054	

INVOICE NO.	DATE
IV0000028	2015-07-01

Product No.	Description of goods	Package	G.W	N.W	Meas.
DA-002	Frozen Ox Liver Storage Type: Frozen, Specification: 20kgs/carton	4700 CARTONS	103400.00 KGS	94000.00 KGS	98.7000 CBM
Total:		[4700 [CARTONS]]	[103400.00 [KGS]]	[94000.00 [KGS]]	[98.7000 [CBM]]

SAY TOTAL:　FOUR THOUSAND SEVEN HUNDRED CARTONS

MARKS AND NUMBERS:

N/M

Shenzhen Yawan Trading Co., Ltd.

Yang Jun

图 6-2　装箱单

International Logistics Co., Ltd.
国际进出口货运代理公司
INSTRUCTION FOR CARGO BY SEA
国际海运货物委托书

SHIPPER(发货人)	Shenzhen Yawan Trading Co., Ltd.	TEL 86-755-85615236	☑ 委托代理报关
ADDRESS(地址)	Building 1-3, Fuhua Industrial Zone, Baoan District, Shenzhen, China		☑ 委托提货运输

DATE(日期)	2015-07-18
CONSIGNEE(收货人)	TO ORDER　　　　　　　　　　　TEL
ADDRESS(地址)	

ALSO NOTIFY(并通知)	June System Trading Co., Ltd.	TEL 0082-5131345
ADDRESS(地址)	Jinding Garden Busan, Korea	

PLACE OF SHIPMENT(起运地)	Shanghai,China
PLACE OF DELIVERY(目的地)	Busan,Korea
PORT OF DISCHARGE(卸货港)	Busan,Korea
OCEAN VESSEL/VOYAGE(船名/航次)	TRINITY　　　　　　1225N

DESCRIPTION OF GOODS 货物名称及描述	MARKS & NUMBERS 唛头	NO.OF PACKAGE 件数	GROSS WEIGHT/KG 毛重	NET WEIGHT/KG 净重	MEAS/CBM 体积
Frozen Ox Liver Storage Type: Frozen, Specification: 20kgs/carton	N/M	4700 CARTONS	103400.00 KGS	94000.00 KGS	98.7000 CBM
TOTAL:		4700 CARTONS	103400.00 KGS	94000.00 KGS	98.7000 CBM

RATE AGREED 运费议定	SPECIAL INSTRUCTIONS 特别附注
☑ 货柜　☐ 拼箱	

柜型及数量			
☐ 20' CONTAINER X	☐ 40' CONTAINER X	☐ 40' HQ X
☑ 20' REEFER X 5	☐ 40' REEFER X	☐ 40' REEFER HIGH
☐ 20' Platform X	☐ 40' Platform X	
☐ 20' Car X	☐ 40' Car X	

IMPORTANT-Please indicate freight payment by WHOM.　FREIGHT(运费) ☐ PREPAID ☑ COLLECT　LOCAL CHARGES(本地运费) ☐ PREPAID ☐ COLLECT

OTHRE CHARGE(其他费用)

DOCUMENT 文件单据:	INVOICE发票#:	IV0000028	OTHER DOCUMENT 1#& NO:
	PACKING LIST装箱单#:	PL0000054	OTHER DOCUMENT 2#& NO:

注意事项
委托前
请仔细
阅读

1.由于收货人拒绝收货或延迟收货,所产生的所有费用包括货物返程的费用,由委托人承担,委托人应在接到通知7日内支付,并承担相关法律责任;
2.委托人交付的货物,其申报价值如果在USD600以上,请自行购买保险,并书面通知我公司相关人员;对于虚报所产生责任由委托人承担;
3.货物应具有符合海运运输要求的完整包装,若收货人对货物有任何异议,应在提货前提出,并得到放货单位书面确认;否则将被视为主动放弃;
4.托人需要在我司要求的付款时间内结清全部费用,托运人承诺如不按时支付运费,将按5%缴纳滞纳金,并且托运人有权采取任何措施收回运费;
5.客户应及时,准确提供有关单证。如无特殊要求,一律按可转船、可分批处理,运费到、预付不填,按预付处理,托运人承担由此引起的一切损失。

CONSIGNOR'S DETAIL 委托人资料

CONSIGNOR'S NAME &ADDERSS (公司名称及地址)	Shenzhen Yawan Trading Co., Ltd.　　　Building 1-3, Fuhua Industrial Zone, Baoan District, Shenzhen, China	INSTRUCTION BY: (经手人) SIGNED & CHOPPED: 签字及盖章	委托人声明:1.已经阅读以上注意事项并同意。　2.所委托的货物及包装不涉及违反起运国和目的国相关法律及国际海运运输安全规定,并对此承担相应责任。　　　Yang Jun

图6-3　国际海运货物委托书

国际进出口货运代理公司

International Logistics Co., Ltd.

To(订舱人): Shenzhen Yawan Trading Co., Ltd.

Date(出运日期): 2015-07-18

Port of Discharge(目的港): Busan

Country of Discharge(目的国): Korea

Container(集装箱): 20' REEFER X 5

Vessel / Flight(船名/航班号): TRINITY

Voy. No.(航次): 1225N

图 6-4 订舱确认书

二、制单情况

根据形式发票、装箱单、国际海运货物委托书、订舱确认书制作的出境货物报检单如图 6-5 所示。

出境货物报检单

报检单位(加盖公章):　　　　　　　　　　　　　　　　　　　　　　　编号:330120211000022

报检单位登记号:　　　　　　联系人:　　　　电话:　　　　报检日期: 2015 年 7 月 14 日

发货人	(中文)深圳市亚万贸易有限公司
	(英文)Shenzhen Yawan Trading Co., Ltd.
收货人	(中文)六之系贸易有限公司
	(英文)June System Trading Co., Ltd.

货物名称(中/外文)	H.S.编码	产地	数/重量	货物总值	包装种类及数量
冷冻牛肝 Frozen Ox Liver	0206220000	上海	94000 千克	USD 178600.00	4700 纸箱

运输工具名称/号码	TRINITY/1225N		贸易方式	一般贸易	货物存放地点	码头
合同号	CT0000038		信用证号	***	用途	其他
发货日期	2015-07-18		输往国家(地区)	韩国	许可证/审批号	***
启运地	上海		到达口岸	釜山	生产单位注册号	5200004282
集装箱规格、数量及号码	***					

合同、信用证订立的检验检疫条款或特殊要求	标记及号码	随附单据(划"√"或补填)	
***	N/M	☑合同	☐包装性能结果单
		☐信用证	☐许可/审批文件
		☑发票	
		☐换证凭单	
		☑装箱单	
		☐厂检单	

需要证单名称(划"√"或补填)		*检验检疫费	
☐品质证书 　正　副	☐植物检疫证书 　正　副	总金额(人民币元)	
☐数量/重量证书 　正　副	☐熏蒸/消毒证书 　正　副		
☑兽医卫生证书 1正 2副	☐出境货物换证凭单 　正　副		
☐健康证书 　正　副		计费人	
☐卫生证书 　正　副			
☐动物卫生证书 　正　副		收费人	

报检人郑重声明:	领 取 证 单	
1. 本人被授权报检。		
2. 上列填写内容正确属实,货物无伪造或冒用他人的厂名、标志、认证标志,并承担货物质量责任。	日期	
签名:	签名	

注:有"*"号栏由出入境检验检疫机关填写　　　　　　　　　　◆国家出入境检验检疫局制

[1-2 (2000.1.1)]

图 6-5　出境货物报检单

实验项目 7 制单——入境货物报检单

一、实验要求

这是一笔从南非进口多功能烧水壶的海运业务，货物已于 2015 年 8 月 30 日抵达目的港并卸货完毕。由于商品多功能烧水壶（H.S.编码：8516719000）的海关监管条件中含 "A"，属于法定商检货物，需先完成进口检验才能通关，因此，进口商于 2015 年 8 月 31 日开始准备报检所需相关单据，并委托报检行办理进口报检事宜。请你根据商业发票（见图 7-1）、信用证（见图 7-2）、海运提单（见图 7-3）、装箱单（见图 7-4）等单据，制作入境货物报检单。

ISSUER Crystal Co., Ltd. No.20 Spring street Johannesburg, South Africa		**商业发票** **COMMERCIAL INVOICE**	
TO Shenzhen Yawan Trading Co., Ltd. Building 1-3, Fuhua Industrial Zone, Baoan District, Shenzhen, China			
TRANSPORT DETAILS From Capetown,South Africa to Shanghai,China Shipment within 60 days after receipt of L/C By sea	NO. IV0000043		DATE 2015-07-10
	S/C NO. CT0000054		L/C NO. 002/0000033
TERMS OF PAYMENT 100 % by L/C at sight			
Product No.	Description of goods	Quantity	Unit Price	Amount
			FOB ▾ Capetown,South Africa ▾	
AM-002	Multifunction Kettle Metal Type: Stainless Steel, Keep Warm: 10~12hours, Capaciy: 1.5L	6080 PCS	USD 10.00	USD 60800.00
	Total: [6080][PCS]			[USD][60800.00]

SAY TOTAL: SAY USD SIXTY THOUSAND EIGHT HUNDRED ONLY

MARKS AND NUMBERS:

N/M

Crystal Co., Ltd.

Tom

图 7-1 商业发票

```
------------------------------ MESSAGE HEADER ------------------------------
    Sender      : BKCHCNBJ300
    Message Type : 700 LETTER OF CREDIT
    Receiver    : ABSZAR6P93A
------------------------------ MESSAGE TEXT ------------------------------
```

:27:   SEQUENCE OF TOTAL
       1/1

:40A: FORM OF DOCUMENTARY CREDIT
       IRREVOCABLE

:20:   DOCUMENTARY CREDIT NUMBER
       002/0000033

:31C: DATE OF ISSUE
       20150710

:40E: APPLICABLE RULES
       UCP LATEST VERSION

:31D: DATE AND PLACE OF EXPIRY
       20151010   in the beneficiary's country

:50:   APPLICANT
       Shenzhen Yawan Trading Co., Ltd.
       Building 1-3, Fuhua Industrial Zone, Baoan District, Shenzhen, China

:59:   BENEFICIARY
       Crystal Co., Ltd.
       No.20 Spring street Johannesburg, South Africa

:32B: CURRENCY CODE, AMOUNT
       USD   60800,00

:41D: AVAILABLE WITH BY
       ANY BANK BY PAYMENT

:42C: DRAFTS AT
       AT SIGHT

:42A: DRAWEE
       ISSUE BANK

:43P: PARTIAL SHIPMENTS
       NOT ALLOWED

:43T: TRANSHIPMENT
       NOT ALLOWED

:44E: PORT OF LOADING/AIRPORT OF DEPARTURE
       Capetown,South Africa

:44F: PORT OF DISCHARGE/AIRPORT OF DESTINATION
       Shanghai,China

:44C: LATEST DATE OF SHIPMENT
       20150910

:45A: DESCRIPTION OF GOODS AND/OR SERVICES
       AM-002 Multifunction Kettle
       Metal Type: Stainless Steel, Keep Warm: 10~12hours, Capaciy: 1.5L
       QUANTITY: 6080PCS
       PRICE: USD10.00
       FOB Capetown,South Africa

:46A: DOCUMENTS REQUIRED
       Signed commercial invoice in 3 copies indicating L/C No. and Contract No. CT0000054
       Full set of clean on board Bills of Lading made out to order and blank endorsed, marked "freight to collect /"
       notifying Applicant
       Packing List/Weight Memo in 3 copies indicating quantity, gross weight of each package.
       Other documents, if any

:47A: ADDITIONAL CONDITIONS
       All banking charges outside the opening bank are for beneficiary's account.
       Documents must be presented within 21 days after date of issuance of the transport documents but within
       the validity of this credit.

:71B: CHARGES
       All banking charges outside the opening bank are for beneficiary's account

:49:   CONFIRMATION INSTRUCTIONS
       WITHOUT

:57D: ADVISE THROUGH BANK
       Amalgamated Bank of South Africa
       299 YiFei Road, Pretoria, South Africa

图 7-2　信用证（MT700）

1. Shipper Insert Name, Address and Phone Crystal Co., Ltd. No.20 Spring street Johannesburg, South Africa	B/L No. COBL0000042

2. Consignee Insert Name, Address and Phone TO ORDER	**ORIGINAL** Port-to-Port or Combined Transport **BILL OF LADING**

3. Notify Party Insert Name, Address and Phone (It is agreed that no responsibility shall attach to the Carrier or his agents for failure to notify) Shenzhen Yawan Trading Co., Ltd. Building 1-3, Fuhua Industrial Zone, Baoan District, Shenzhen, China	RECEIVED in external apparent good order and condition except as other-Wise noted. The toTAL number of packages or unites stuffed in the container,The description of the goods and the weights shown in this Bill of Lading are Furnished by the Merchants, and which the carrier has no reasonable means Of checking and is not a part of this Bill of Lading contract. The carrier has Issued the number of Bills of Lading stated below, all of this tenor and date. One of the original Bills of Lading must be surrendered and endorsed or sig-Ned against the delivery of the shipment and whereupon any other original Bills of Lading shall be void. The Merchants agree to be bound by the terms And conditions of this Bill of Lading as if each had personally signed this Bill of Lading. SEE clause 4 on the back of this Bill of Lading (Terms continued on the back Hereof, please read carefully). *Applicable Only When Document Used as a Combined Transport Bill of Lading.

4. Combined Transport* Pre - carriage by	5. Combined Transport* Place of Receipt	
6. Ocean Vessel Voy. No. TRINITY 1233N	7. Port of Loading Capetown,South Africa	
8. Port of Discharge Shanghai,China	9. Combined Transport* Place of Delivery	

Marks & Nos. Container / Seal No.	No. of Containers or Packages	Description of Goods (If Dangerous Goods, See Clause 20)	Gross Weight Kgs	Measurement
N/M BJYU0010498/FTD010498/40'GP FTD010498	1 X 40'GP	Multifunction Kettle 760CARTONS; FREIGHT COLLECT	8056.00 KGS	66.8800 CBM
		Description of Contents for Shipper's Use Only (Not part of This B/L Contract)		

10. ToTAL Number of containers and/or packages (in words)   SEVEN HUNDRED AND SIXTY CARTONS Subject to Clause 7 Limitation

11. Freight & Charges	Revenue Tons	Rate	Per	Prepaid	Collect
 Declared Value Charge					

Ex. Rate:	Prepaid at	Payable at	Place and date of issue South Africa 2015-08-16
	Total Prepaid	No. of Original B(s)/L 3/3	Signed for the Carrier,

LADEN ON BOARD THE VESSEL

DATE 2015-08-16   BY

图 7-3　海运提单

ISSUER Crystal Co., Ltd. No.20 Spring street Johannesburg, South Africa		装箱单 **PACKING LIST**			
TO Shenzhen Yawan Trading Co., Ltd. Building 1-3, Fuhua Industrial Zone, Baoan District, Shenzhen, China		PACKING LIST NO. PL0000074			
		INVOICE NO. IV0000043		DATE 2015-08-01	
Product No.	Description of goods	Package	G.W	N.W	Meas.
AM-002	Multifunction Kettle Metal Type: Stainless Steel, Keep Warm: 10~12hours, Capaciy: 1.5L	760 CARTONS	8056.00 KGS	5852.00 KGS	66.8800 CBM
Total:		[760] [CARTONS]	[8056.00] [KGS]	[5852.00] [KGS]	[66.8800] [CBM]

SAY TOTAL: SEVEN HUNDRED AND SIXTY CARTONS

MARKS AND NUMBERS:

N/M

Crystal Co., Ltd.

Tom

图 7-4 装箱单

二、制单情况

根据商业发票、信用证、海运提单、装箱单制作的入境货物报检单如图 7-5 所示。

入 境 货 物 报 检 单

报检单位（加盖公章）：上海浦东报检行　　　　　　　　　　　　　　编号：330120212000019

报检单位登记号：3005600102　　联系人：赵雅胜　　电话：86-21-50824470　　报检日期：2015 年 8 月 31 日

收货人	（中文）深圳市亚万贸易有限公司	企业性质（划"√"）	□合资 □合作 □外资
	（英文）Shenzhen Yawan Trading Co., Ltd.		
发货人	（中文）克里斯托有限责任公司		
	（英文）Crystal Co., Ltd.		

货物名称（中/外文）	H.S.编码	原产国（地区）	数/重量	货物总值	包装种类及数量
多功能烧水壶 Multifunction Kettle	8516719000	南非	6080 个 5852 千克	USD 60800.00	760 纸箱

运输工具名称/号码	TRINITY/1233N			合同号	CT0000054
贸易方式	一般贸易	贸易国别（地区）	南非	提单／运单号	COBL0000042
到货日期	2015-08-30	启运国家（地区）	南非	许可证／审批号	***
卸货日期	2015-08-30	启运口岸	开普敦	入境口岸	上海
索赔有效期至	无索赔期	经停口岸	***	目的地	上海
集装箱规格、数量及号码	1X40'普通集装箱/BJYU0010498				
合同、信用证订立的检验检疫条款或特殊要求	***			货物存放地点	码头
				用 途	其他

随附单据（划"√"或补填）		标 记 及 号 码	*外商投资资产（划"√"）	□是□否
☑合同 ☑发票 ☑提/运单 □兽医卫生证书 □植物检疫证书 □动物检疫证书 □卫生证书 □原产地证 □许可/审批文件	□到货通知 ☑装箱单 □质保书 □理货清单 □磅码单 □验收报告	N/M		

报检人郑重声明：
1. 本人被授权报检。
2. 上列填写内容正确属实。

签名：赵雅胜

*检验检疫费	
总金额 （人民币元）	
计费人	
收费人	
领 取 证 单	
日期	
签名	

注：有"*"号栏由出入境检验检疫机关填写

◆国家出入境检验检疫局制

[1-2 (2000.1.1)]

图 7-5 入境货物报检单

实验项目 8 制单——代理报检委托书

一、实验要求

请根据商业发票（见图8-1）、国际海运货物委托书（见图8-2）、订舱确认书（见图8-3）制作代理报检委托书。

ISSUER Shenzhen Yawan Trading Co., Ltd. Building 1-3, Fuhua Industrial Zone, Baoan District, Shenzhen, China				商业发票 COMMERCIAL INVOICE	
TO June System Trading Co., Ltd. Jinding Garden Busan, Korea					
TRANSPORT DETAILS From Shanghai,China to Busan,Korea Ready shipment By sea		NO. IV0000028		DATE 2015-07-01	
		S/C NO. CT0000038		L/C NO.	
TERMS OF PAYMENT 100 % by D/A at 30 days after sight					
Product No.	Description of goods	Quantity		Unit Price	Amount
				FOB ▼ Shanghai,China ▼	
DA-002	Frozen Ox Liver Storage Type: Frozen, Specification: 20kgs/carton	94 MTS		USD 1900.00	USD 178600.00
	Total: [94][MTS]				[USD][178600.00]
SAY TOTAL: SAY USD ONE HUNDRED AND SEVENTY EIGHT THOUSAND SIX HUNDRED ONLY					
MARKS AND NUMBERS: N/M					
				Shenzhen Yawan Trading Co., Ltd. Yang Jun	

图8-1 商业发票

International Logistics Co., Ltd.
国际进出口货运代理公司
INSTRUCTION FOR CARGO BY SEA
国际海运货物委托书

SHIPPER(发货人)	Shenzhen Yawan Trading Co., Ltd.			TEL	86-755-85615236	☑ 委托代理报关
ADDRESS(地址)	Building 1-3, Fuhua Industrial Zone, Baoan District, Shenzhen, China					☑ 委托提货运输

DATE(日期)	2015-08-05	
CONSIGNEE(收货人)	TO ORDER	TEL
ADDRESS(地址)		

ALSO NOTIFY(并通知)	June System Trading Co., Ltd.	TEL	0082-5131345
ADDRESS(地址)	Jinding Garden Busan, Korea		
PLACE OF SHIPMENT(起运地)	Shanghai,China		
PLACE OF DELIVERY(目的地)	Busan,Korea		
PORT OF DISCHARGE(卸货港)	Busan,Korea		
OCEAN VESSEL/VOYAGE(船名/航次)	JJ SKY	12048E	

DESCRIPTION OF GOODS 货物名称及描述	MARKS & NUMBERS 唛头	NO.OF PACKAGE 件数	GROSS WEIGHT/KG 毛重	NET WEIGHT/KG 净重	MEAS/CBM 体积
Frozen Ox Liver Storage Type: Frozen, Specification: 20kgs/carton	N/M	4700 CARTONS	103400.00 KGS	94000.00 KGS	98.7000 CBM
TOTAL:	4700	CARTONS	103400.00 KGS	94000.00 KGS	98.7000 CBM

RATE AGREED运费议定	SPECIAL INSTRUCTIONS 特别附注
☑ 货柜 ☐ 拼箱	

柜型及数量	☐ 20' CONTAINER X	☐ 40' CONTAINER X	☐ 40' HQ X
	☑ 20' REEFER X 5	☐ 40' REEFER X	☐ 40' REEFER HIGH
	☐ 20' Platform X	☐ 40' Platform X	
	☐ 20' Car X	☐ 40' Car X	

IMPORTANT-Please indicate freight payment by WHOM.　FREIGHT(运费) ☐ PREPAID ☑ COLLECT　LOCAL CHARGES (本地运费) ☐ PREPAID ☐ COLLECT

OTHRE CHARGE(其他费用)

DOCUMENT 文件单据:	INVOICE发票#:	IV0000028	OTHER DOCUMENT 1#& NO:
	PACKING LIST装箱单#:		OTHER DOCUMENT 2#& NO:

注意事项： 1.由于收货人拒绝收货或延迟收货,所产生的所有费用包括货物返程的费用,由委托人承担,委托人应在接到通知7日内支付,并承担相关法律责任;
委托前请仔细阅读 2.委托人交付的货物,其申报价值如果在USD600以上,请自行购买保险,并书面通知我公司相关人员;对于虚报所产生责任由委托人承担;
3.货物应具有符合海运运输要求的完整包装,若收货人对货物有任何异议,应在投货前提出,并得到放货单位书面确认;否则将被视为主动放弃;
4.托运人需要在我司要求的付款时间内结清全部费用,托运人承诺如不按时支付运费,将按5%缴纳滞纳金,并且本承运人有权采取任何措施收回运费;
5.客户应及时,准确地提供有关单证。如无特殊要求,一律按可转船、可分批处理,运费到、预付不填,按预付付处理,托运人承担由此引起的一切损失.

CONSIGNOR'S DETAIL委托人资料			
CONSIGNOR'S NAME &ADDERSS (公司名称及地址)	Shenzhen Yawan Trading Co., Ltd. Building 1-3, Fuhua Industrial Zone, Baoan District, Shenzhen, China	INSTRUCTION BY: (经手人) SIGNED & CHOPPED: 签 字 及 盖 章	委托人声明:1.已经阅读以上注意事项并同意。 2.所委托的货物及包装不涉及违反起运国和目的国相关法律及国际海运运输安全规定,并对此承担相应责任。 Yang Jun

图 8-2　国际海运货物委托书

国际进出口货运代理公司

International Logistics Co., Ltd.

To(订舱人): Shenzhen Yawan Trading Co., Ltd.

Date(出运日期): 2015-08-05

Port of Discharge(目的港): Busan

Country of Discharge(目的国): Korea

Container(集装箱): 5 X 20'RF

Vessel / Flight(船名/航班号): JJ SKY

Voy. No.(航次): 12048E

图 8-3　订舱确认书

二、制单情况

根据商业发票、国际海运货物委托书、订舱确认书制作的代理报检委托书如图 8-4 所示。

代理报检委托书

编号：IL00412015

出入境检验检疫局：

本委托人（备案号/组织机构代码　　207550104　　）保证遵守国家有关检验检疫法律、法规的规定，保证所提供的委托报检事项真实、单货相符。否则，愿承担相关法律责任。具体委托情况如下：

本委托人将于　2015　年　8　月间进口/出口　如下货物：

品名	冷冻牛肝	HS 编码	0206220000
数（重）量	94吨	包装情况	4700箱
信用证/合同号	CT0000038	许可文件号	***
进口货物收货单位及地址	***	进口货物提/运单号	***
其他特殊要求	***		

特委托　　　上海萌叶报检行　　　...（代理报检注册登记号　3005600103　）代表本委托人办理上述货物的下列出入境检验检疫事宜：

☑ 1. 代理报检手续；
☑ 2. 代缴纳检验检疫费；
☑ 3. 联系和配合检验检疫机构实施检验检疫；
☑ 4. 领取检验检疫证单。
☐ 5. 其他与报检有关的相关事宜：***

联　系　人：杨军

联系电话：86-755-85615236

本委托书有效期至：2015　年　8　月　31　日

委托人（加盖公章）

2015　年　8　月　1　日

受托人确认声明

本企业完全接受本委托书。保证履行以下职责：

1. 对委托人提供的货物情况和单证的真实性、完整性进行核实；

2. 根据检验检疫有关法律法规规定办理上述货物的检验检疫事宜；

3. 及时将办结检验检疫手续的有关委托内容的单证、文件移交委托人或其指定的人员；

4. 如实告知委托人检验检疫部门对货物的后续检验检疫及监管要求。

如在委托事项中发生违法或违规行为，愿承担相关法律和行政责任。

联　系　人：

联系电话：

受托人（加盖公章）

年　　月　　日

图 8-4　代理报检委托书

实验项目 9　出口报检练习——一般货物（海运）

一、实验要求

请完成出口报检练习。

（1）以出口报检行角色登录，完成电子报检的录入、申报等操作。

（2）向检验机构递交相关材料，完成出口报检，并取得相关证书。

二、操作步骤

（一）电子报检

主要操作步骤包括：报检录入、发送单证、接收回执、打印单证。

1．报检录入

（1）以出口报检行角色登录，点击界面上方菜单中的"电子申报"，进入电子申报系统。

（2）在界面左边的"质检业务"菜单中选择"出境货物报检"，然后点击界面上方菜单中的"新建单证"。

（3）在弹出的界面中逐项录入基本信息（见图9-1）和货物信息（见图9-2），填写过程中可随时检查，填写完成后及时保存。

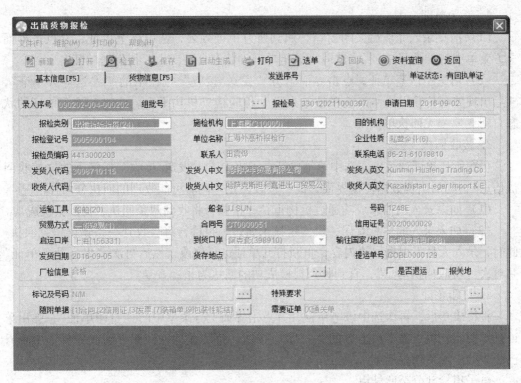

图 9-1　"基本信息"界面

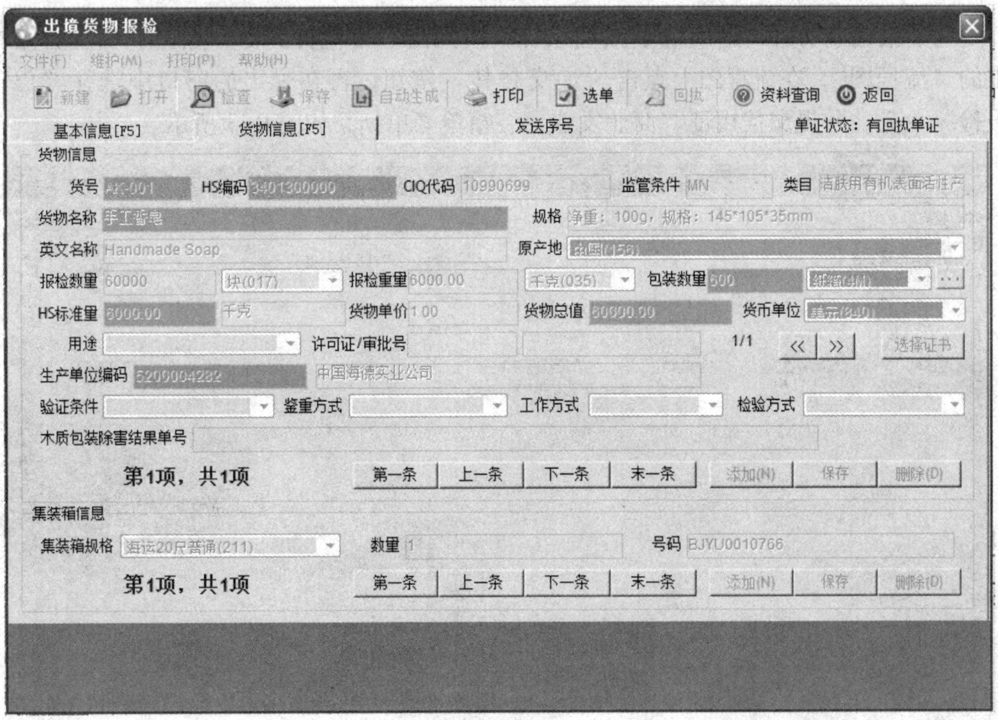

图 9-2　"货物信息"界面

2. 发送单证

（1）信息录入完成后关闭窗口，回到所有单证列表，选中该笔单证，并点击界面上方菜单中的"选择单证"。此时，该笔单证的状态自动变为"待发送单证"。

（2）再选中该笔单证，点击界面上方"发送/接收"按钮下的"发送业务单证"，随后出现数据传输界面，该笔单证被发送到检验检疫机构平台。此时，该笔单证的状态自动变为"无回执单证"。

3. 接收回执

仍在所在单证列表中，选中该笔单证，点击上方"发送/接收"按钮下的"接收回执信息"，随后出现数据传输界面，成功接收回执。此时可能收到的回执分两种情况：

（1）如果录入的信息成功通过机构审核，报检行将收到两条回执，提示报检成功。

（2）如果录入的信息有误，机构审核未通过，报检行将会收到一条错误信息回执。此时，录入人员需根据回执内容，重新打开单证进行修改，然后再次"发送业务单证"并再次"接收回执信息"，直到收到报检成功的回执为止。

4. 打印单证

报检成功后，再次选中该笔单证，并点击界面上方菜单中的"打印单证"，弹出单证预览图后，再点击界面上方的"打印"按钮。打印成功后，即可到业务单证中查看已生成的出境货物报检单。

电子报检部分至此结束。

（二）递交材料

电子报检成功后，退出电子报检系统，回到出口报检行界面。点击界面上方菜单中的"流程图"，在流程图上点击"递交材料"按钮，再在弹出的窗口中选择"出口报检"业务，并提交信用证、商业发票、装箱单等单据，如图9-3所示。

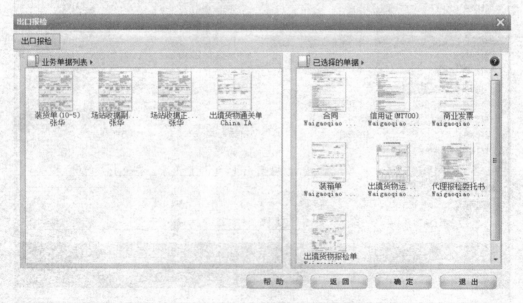

图9-3 "出口报检"业务需提交的单据

出境货物报检单（见图9-4）等单据提交成功后，出口报检流程至此结束。等待一段时间后，报检行将收到检验机构签发的出境货物通关单、检验证书等相关单证。

出 境 货 物 报 检 单

报检单位（加盖公章）：上海外高桥报检行   编号：330120211000397

报检单位登记号：3005600104   联系人：田震烨   电话：86-21-61019810   报检日期： 2016 年 9 月 2 日

发货人	（中文）昆明华丰贸易有限公司					
	（英文）Kunmin Huafeng Trading Co., Ltd.					
收货人	（中文）哈萨克斯坦利嘉进出口贸易公司					
	（英文）Kazakhstan Leger Import & Export Trade Company					
货物名称(中/外文)	H.S.编码	产地	数/重量	货物总值	包装种类及数量
手工香皂 Handmade Soap	3401300000	中国	6000 千克(035)	美元 60000.00	600 纸箱

运输工具名称号码	JJ SUN 1248E	贸易方式	一般贸易	货物存放地点	
合同号	CT0000051	信用证号	002/0000029	用途	
发货日期	2016-09-05	输往国家(地区)	哈萨克斯坦	许可证/审批号	
启运地	上海	到达口岸	阿克套	生产单位注册号	5200004282
集装箱规格、数量及号码	海运20尺普通*1(BJYU0010766)				

合同、信用证订立的检验检疫条款或特殊要求	标 记 及 号 码	随附单据（划"√"或补填）	
	N/M	☑合同	☑包装性能结果单
		☑信用证	☐许可/审批文件
		☑发票	
		☐换证凭单	
		☑装箱单	
		☐厂检单	

需要证单名称（划"√"或补填）					*检验检疫费	
☐品质证书	正 副	☐植物检疫证书	正 副	总金额（人民币元）	
☐数量/重量证书	正 副	☐熏蒸/消毒证书	正 副		
☐兽医卫生证书	正 副	☐出境货物换证凭单	正 副		
☐健康证书	正 副			计费人	
☐卫生证书	正 副				
☐动物卫生证书	正 副			收费人	

报检人郑重声明：	领 取 证 单	
1. 本人被授权报检。		
2. 上列填写内容正确属实，货物无伪造或冒用他人的厂名、标志、认证标志，并承担货物质量责任。	日期	
签名：田震烨	签名	

注：有"*"号栏由出入境检验检疫机关填写   ◆国家出入境检验检疫局制
[1-2（2000.1.1）]

图 9-4　出境货物报检单

注：1尺约等于0.33米，下同。

实验项目 10　进口报检练习——一般货物（海运）

一、实验要求

请完成进口报检练习。

（1）以进口报检行角色登录，完成电子报检的录入、申报等操作。

（2）向检验机构递交相关材料，完成进口报检，并取得相关证书。

二、操作步骤

（一）电子报检

主要操作步骤包括：报检录入、发送单证、接收回执、打印单证。

1. 报检录入

（1）以进口报检行角色登录，点击界面上方菜单中的"电子申报"，进入电子申报系统。

（2）在界面左边的"质检业务"菜单中选择"入境货物报检"，然后点击界面上方菜单中的"新建单证"。

（3）在弹出的界面中逐项录入基本信息（见图 10-1）和货物信息（见图 10-2），填写过程中可随时检查，填写完成后及时保存。

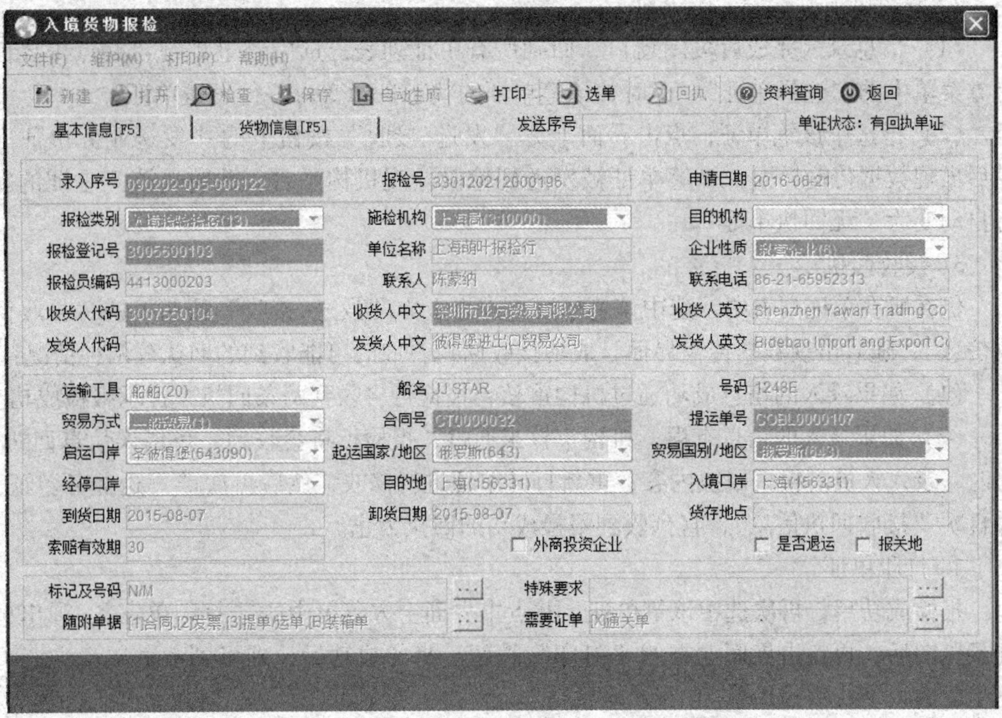

图 10-1　“基本信息”界面

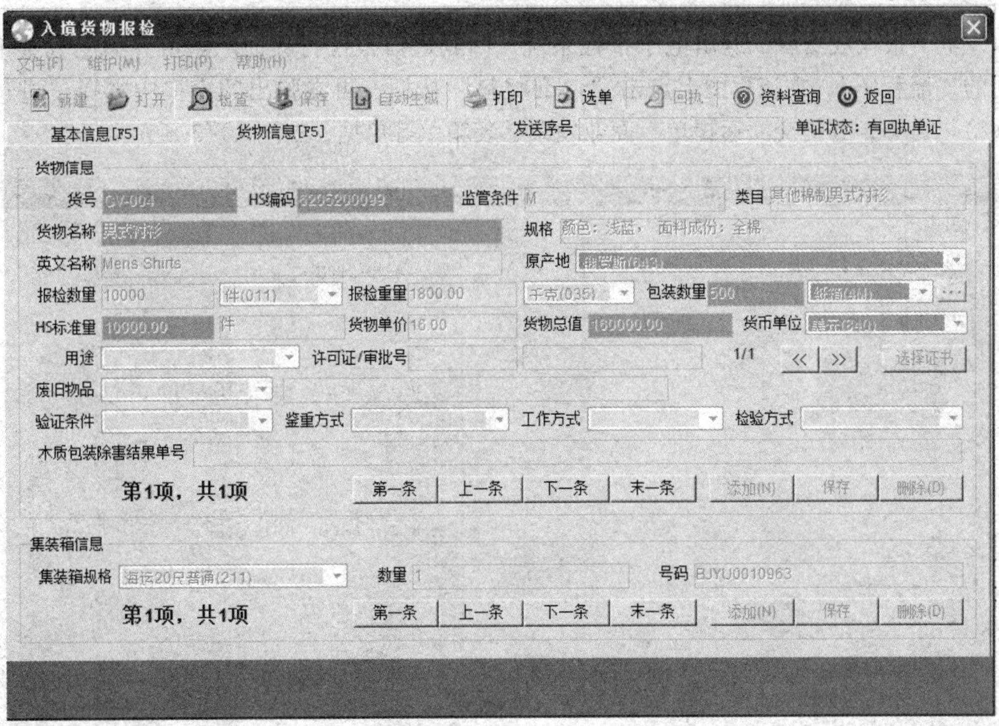

图 10-2　“货物信息”界面

2. 发送单证

（1）信息录入完成后关闭窗口，回到所有单证列表，选中该笔单证，并点击界面上方菜单中的"选择单证"。此时，该笔单证的状态自动变为"待发送单证"。

（2）再选中该笔单证，点击界面上方"发送/接收"按钮下的"发送业务单证"，随后出现数据传输界面，该笔单证被发送到检验检疫机构平台。此时，该笔单证的状态自动变为"无回执单证"。

3. 接收回执

仍在所在单证列表中，选中该笔单证，点击上方"发送/接收"按钮下的"接收回执信息"，随后出现数据传输界面，成功接收回执。此时可能收到的回执分两种情况：

（1）如果录入的信息成功通过机构审核，报检行将收到两条回执，提示报检成功。

（2）如果录入的信息有误，机构审核未通过，报检行将会收到一条错误信息回执。此时，录入人员需根据回执内容，重新打开单证进行修改，然后再次"发送业务单证"并再次"接收回执信息"，直到收到报检成功的回执为止。

4. 打印单证

报检成功后，再次选中该笔单证，并点击界面上方菜单中的"打印单证"，弹出单证预览图后，再点击界面上方的"打印"按钮。打印成功后，即可到业务单证中查看已生成的入境货物报检单。

电子报检部分至此结束。

（二）递交材料

电子报检成功后，退出电子报检系统，回到进口报检行界面。点击界面上方菜单中的"流程图"，在流程图上点击"递交材料"按钮，再在弹出的窗口中选择"进口报检"业务，并提交海运提单、商业发票、装箱单等单据，如图10-3所示。

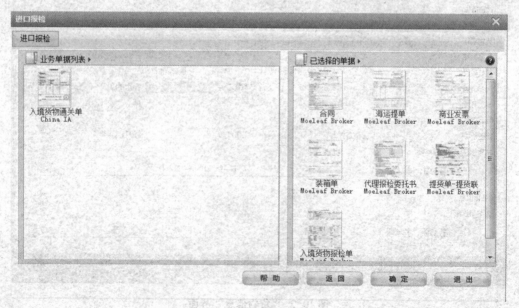

图10-3 "进口报检"业务需提交的单据

入境货物报检单（见图 10-4）等单据提交成功后，进口报检流程至此结束。等待一段时间后，报检行将收到检验机构签发的入境货物通关单等相关单证。

入 境 货 物 报 检 单

报检单位（加盖公章）：上海萌叶报检行　　　　　　　　　　　编号：330120212000196

报检单位登记号：3005600103　　联系人：陈蒙纳　　电话：86-21-65952313　　报检日期：2016 年 6 月 21 日

收货人	（中文）深圳市亚万贸易有限公司		企业性质（划"√"）	□合资 □合作 □外资
	（英文）Shenzhen Yawan Trading Co., Ltd.			
发货人	（中文）彼得堡进出口贸易公司			
	（英文）Bidebao Import and Export Company			

货物名称(中/外文)	H.S.编码	原产国(地区)	数/重量	货物总值	包装种类及数量
男式衬衫 Mens Shirts	6205200099	俄罗斯	10000件(011)	美元 160000.00	500 纸箱

运输工具名称号码	JJ STAR 1248E			合同号	CT0000032
贸易方式	一般贸易	贸易国别(地区)	俄罗斯	提单／运单号	COBL0000107
到货日期	2015-08-07	启运国家(地区)	俄罗斯	许可证／审批号	***
卸货日期	2015-08-07	启运口岸	圣彼得堡	入境口岸	上海
索赔有效期至	30	经停口岸		目的地	上海
集装箱规格、数量及号码	海运20尺普通*1(BJYU0010963)				
合同、信用证订立的检验检疫条款或特殊要求			货物存放地点		
			用 途		

随附单据（划"√"或补填）		标 记 及 号 码	*外商投资资产（划"√"）	□是□否
√合同 √发票 √提/运单 □兽医卫生证书 □植物检疫证书 □动物检疫证书 □卫生证书 □原产地证 □许可/审批文件	□到货通知 √装箱单 □质保书 □理货清单 □磅码单 □验收报告	N/M	*检验检疫费	
			总金额（人民币元）	
			计费人	
			收费人	
报检人郑重声明： 1. 本人被授权报检。 2. 上列填写内容正确属实。 签名：陈蒙纳			领 取 证 单	
			日期	
			签名	

注：有"*"号栏由出入境检验检疫机关填写　　　　　◆国家出入境检验检疫局制
[1-2 (2000.1.1)]

图 10-4 入境货物报检单

实验项目 11　申请进境动植物检疫许可证练习

一、实验要求

请以进口商角色登录，填制进境动植物检疫许可证申请表，并向检验机构申请办理进境动植物检疫许可证。

二、操作步骤

（1）进入【业务详情】页面。

（2）添加进境动植物检疫许可证申请表并进行填写（填写完成后点击左边的"！"号进行检查，如果单据标题处显示绿色的"√"，说明填写通过，可以使用）。

（3）进入"检验机构"：

方法1：进入【业务流程】页面，点击"进口许可证件"，进入检验机构界面，再点击"进境动植物许可"。

方法2：进入【业务办理】页面，点击"检验机构"建筑，进入报检大厅，再点击"登记备案"柜台，选择"进境动植物许可"业务。

（4）选择并提交进境动植物检疫许可证申请表（见图11-1）、企业法人营业执照、组织机构代码证、对外贸易经营者备案登记表，完成进境动植物检疫许可证的申请。

进境动植物检疫许可证申请表

一、申请单位　　　　　　　　　　　编号：80000000064

名称：　深圳市亚万贸易有限公司			本表填内容真实，保证严格遵守进出境动植物检疫的有关规定，特此声明。
地址：　中国深圳市宝安区富华工业区1-3楼			
邮编：518114	法人代码：	联系人：　杨军	签字盖章：
电话：86-755-85615236	传真：　0755-85615235		申请日期：　2015 年 7 月 1 日

二、进境后的生产、加工、使用、存放单位

名 称 及 地 址	联系人	电 话	传 真
深圳市亚万贸易有限公司 中国深圳市宝安区富华工业区1-3楼	杨军	86-755-85615236	0755-85615235

三、进境检疫物

名称	品种	数量/重量	产地	境外生产、加工、存放单位	是否转基因产品
冷冻牛肉	储藏类型：冷冻，特征：无骨	10300.00 KGS	巴西	乐贸进出口有限公司	否

输出国家或地区：　巴西		进境日期：　2015-07-31	出境日期：
进境口岸：　上海海关		结关地：　上海	
目的地：　上海	用途：　直接销售		出境口岸：
运输路线及方式：　巴西-中国　　　　　水路运输			
进境后的隔离检疫场所：			

四、审批意见（以下由出入境检验检疫机关填写）

初审机关意见：	审批机关意见：
签字盖章： 日期：　　年　月　日	经办：　　　审核：　　　签发： 经办日期：　　年　月　日

A　　　　　　　　　　　　**国家质量监督检验检疫总局印制**

图 11-1　进境动植物检疫许可证申请表

实验项目 12 出口报检练习——竹木草制品

一、实验要求

请完成出口报检练习。

（1）以出口报检行角色登录，完成电子报检的录入、申报等操作。

（2）向检验机构递交相关材料，完成出口报检，并取得相关证书。

二、操作步骤

（一）电子报检

主要操作步骤包括：报检录入、发送单证、接收回执、打印单证。

1. 报检录入

（1）以出口报检行角色登录，点击界面上方菜单中的"电子申报"，进入电子申报系统。

（2）在界面左边的"质检业务"菜单中选择"出境货物报检"，然后点击界面上方菜单中的"新建单证"。

（3）在弹出的界面中逐项录入基本信息（见图12-1）和货物信息（见图12-2），填写过程中可随时检查，填写完成后及时保存。

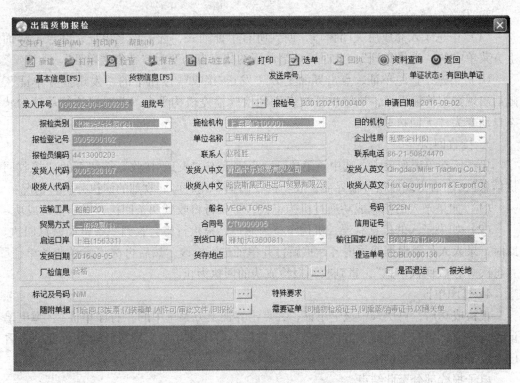

图 12-1 "基本信息"界面

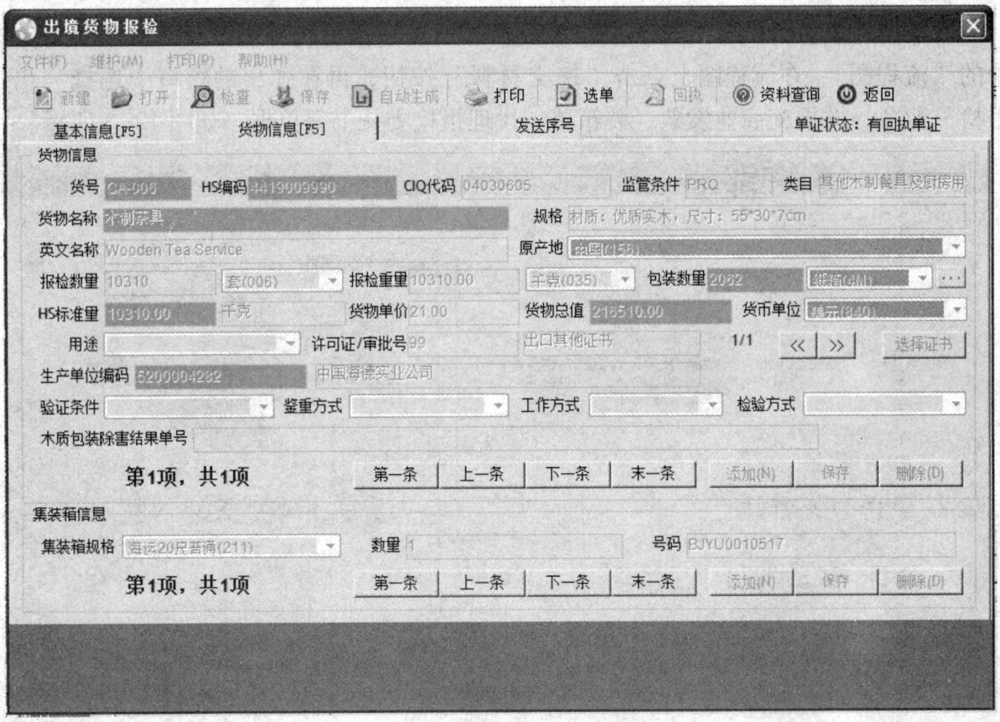

图 12-2 "货物信息"界面

2. 发送单证

（1）信息录入完成后关闭窗口，回到所有单证列表，选中该笔单证，并点击界面上方菜单中的"选择单证"。此时，该笔单证的状态自动变为"待发送单证"。

（2）再选中该笔单证，点击界面上方"发送/接收"按钮下的"发送业务单证"，随后出现数据传输界面，该笔单证被发送到检验检疫机构平台。此时，该笔单证的状态自动变为"无回执单证"。

3. 接收回执

仍在所在单证列表中，选中该笔单证，点击上方"发送/接收"按钮下的"接收回执信息"，随后出现数据传输界面，成功接收回执。此时可能收到的回执分两种情况：

（1）如果录入的信息成功通过机构审核，报检行将收到两条回执，提示报检成功。

（2）如果录入的信息有误，机构审核未通过，报检行将会收到一条错误信息回执。此时，录入人员需根据回执内容，重新打开单证进行修改，然后再次"发送业务单证"并再次"接收回执信息"，直到收到报检成功的回执为止。

4. 打印单证

报检成功后，再次选中该笔单证，并点击界面上方菜单中的"打印单证"，弹出单证预览图后，再点击界面上方的"打印"按钮。打印成功后，即可到业务单证中查看已生成的出境货物报检单。

电子报检部分至此结束。

（二）递交材料

电子报检成功后，退出电子报检系统，回到出口报检行界面。点击界面上方菜单中的"流程图"，在流程图上点击"递交材料"按钮，再在弹出的窗口中选择"出口报检"业务，并提交商业发票、装箱单、代理报检委托书等单据，如图 12-3 所示。

图 12-3 "出口报检"业务需提交的单据

出境货物报检单（见图12-4）等单据提交成功后，出口报检流程至此结束。等待一段时间后，报检行将收到检验机构签发的出境货物通关单、检验证书等相关单证。

出 境 货 物 报 检 单

报检单位（加盖公章）：上海浦东报检行　　　　　　　　　　　　　　编号：330120211000400

报检单位登记号：3005600102　　　联系人：赵雅胜　　电话：86-21-50824470　　报检日期：2016 年 9 月 2 日

发货人	（中文）青岛米乐贸易有限公司				
	（英文）Qingdao Miler Trading Co., Ltd.				
收货人	（中文）哈克斯集团进出口贸易有限公司				
	（英文）Hux Group Import & Export Co., Ltd.				

货物名称（中/外文）	H.S.编码	产地	数/重量	货物总值	包装种类及数量
木制茶具 Wooden Tea Service	4419009990	中国	10310 千克(035)	美元 216510.00	2062 纸箱

运输工具名称号码	VEGA TOPAS 1225N	贸易方式	一般贸易	货物存放地点	
合同号	CT0000005	信用证号		用途	
发货日期	2016-09-05	输往国家(地区)	印度尼西亚	许可证／审批号	
启运地	上海	到达口岸	雅加达	生产单位注册号	5200004282
集装箱规格、数量及号码	海运20尺普通*1(BJYU0010517)				

合同、信用证订立的检验检疫条款或特殊要求	标 记 及 号 码	随附单据（划"√"或补填）	
	N/M	☑合同　　　　　□包装性能结果单 □信用证　　　　☑许可/审批文件 ☑发票 □换证凭单 ☑装箱单 □厂检单	

需要证单名称（划"√"或补填）				*检验检疫费	
□品质证书	＿正＿副	☑植物检疫证书	1 正 2 副	总金额 （人民币元）	
□数量/重量证书	＿正＿副	☑熏蒸/消毒证书	1 正 2 副		
□兽医卫生证书	＿正＿副	□出境货物换证凭单	＿正＿副	计费人	
□健康证书	＿正＿副				
□卫生证书	＿正＿副			收费人	
□动物卫生证书	＿正＿副				

报检人郑重声明：
　1. 本人被授权报检。
　2. 上列填写内容正确属实，货物无伪造或冒用他人的厂名、标志、认证标志，并承担货物质量责任。

　　　　　　　　　　　　　签名：赵雅胜

领 取 证 单	
日期	
签名	

注：有"*"号栏由出入境检验检疫机关填写

◆国家出入境检验检疫局制

「1-2（2000.1.1)」

图 12-4　出境货物报检单

实验项目 13　进口报检练习——水产品类

一、实验要求

请完成进口报检练习。

（1）以进口报检行角色登录，完成电子报检的录入、申报等操作。

（2）向检验机构递交相关材料，完成进口报检，并取得相关证书。

二、操作步骤

（一）电子报检

主要操作步骤包括：报检录入、发送单证、接收回执、打印单证。

1. 报检录入

（1）以进口报检行角色登录，点击界面上方菜单中的"电子申报"，进入电子申报系统。

（2）在界面左边的"质检业务"菜单中选择"入境货物报检"，然后点击界面上方菜单中的"新建单证"。

（3）在弹出的界面中逐项录入基本信息（见图13-1）和货物信息（见图13-2），填写过程中可随时检查，填写完成后及时保存。

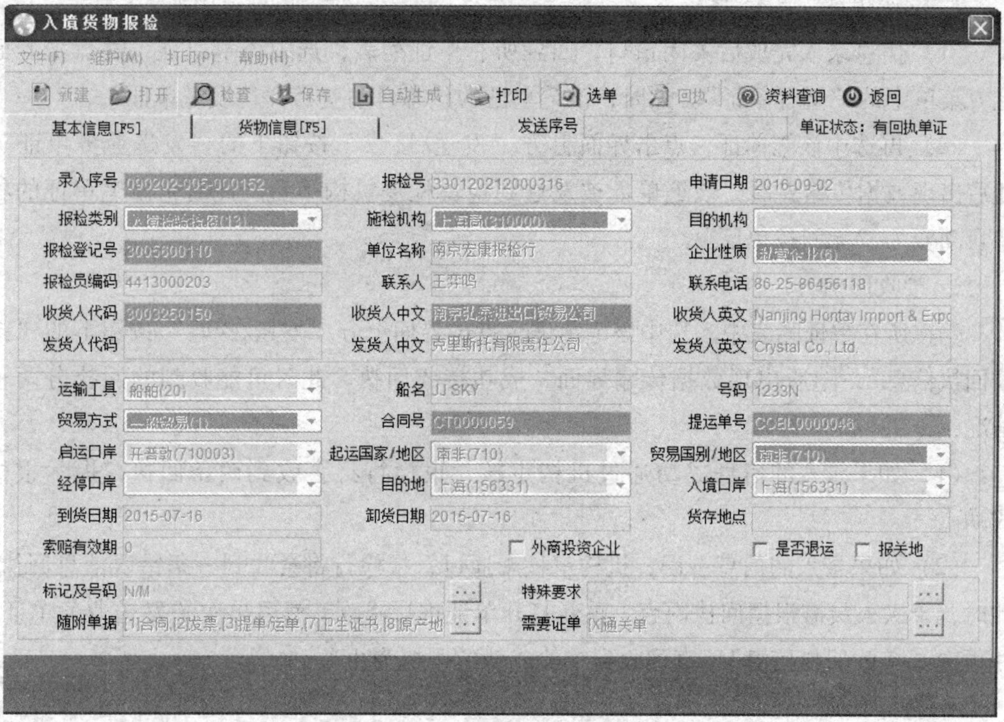

图 13-1 “基本信息”界面

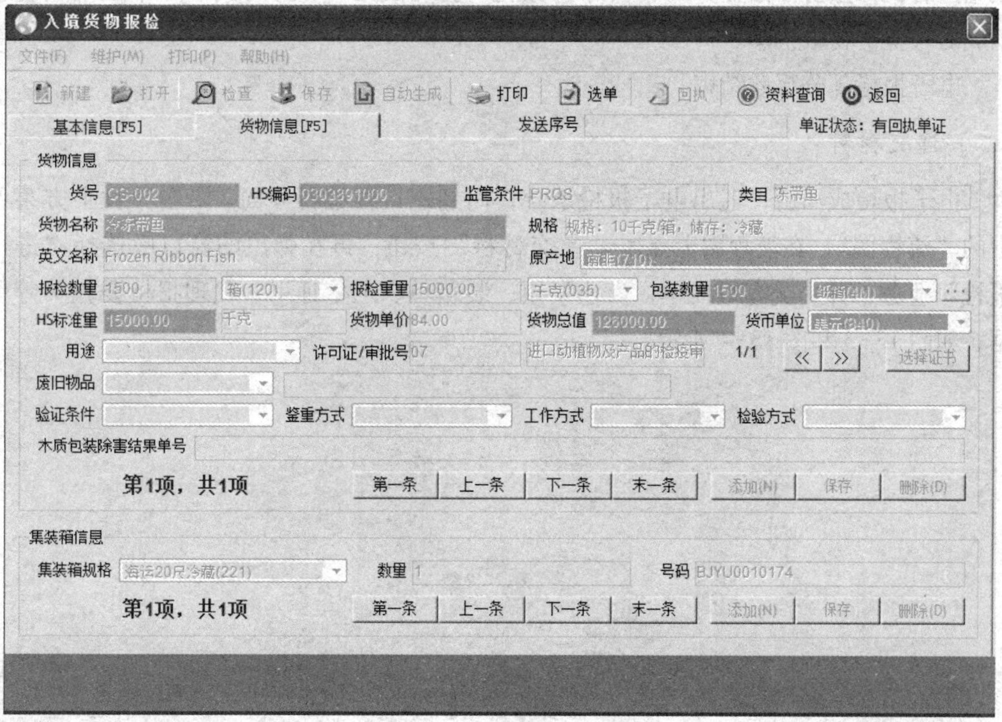

图 13-2 “货物信息”界面

2. 发送单证

（1）信息录入完成后关闭窗口，回到所有单证列表，选中该笔单证，并点击界面上方菜单中的"选择单证"。此时，该笔单证的状态自动变为"待发送单证"。

（2）再选中该笔单证，点击界面上方"发送/接收"按钮下的"发送业务单证"，随后出现数据传输界面，该笔单证被发送到检验检疫机构平台。此时，该笔单证的状态自动变为"无回执单证"。

3. 接收回执

仍在所在单证列表中，选中该笔单证，点击界面上方"发送/接收"按钮下的"接收回执信息"，随后出现数据传输界面，成功接收回执。此时可能收到的回执分两种情况：

（1）如果录入的信息成功通过机构审核，报检行将会收到两条回执，提示报检成功。

（2）如果录入的信息有误，机构审核未通过，报检行将会收到一条错误信息回执。此时，录入人员需根据回执内容，重新打开单证进行修改，然后再次"发送业务单证"并再次"接收回执信息"，直到收到报检成功的回执为止。

4. 打印单证

报检成功后，再次选中该笔单证，点击界面上方菜单中的"打印单证"，弹出单证预览图后，再点击界面上方的"打印"按钮。打印成功后，即可到业务单证中查看已生成的入境货物报检单。

电子报检部分至此结束。

（二）递交材料

电子报检成功后，退出电子报检系统，回到进口报检行界面。点击界面上方菜单中的"流程图"，在流程图上点击"递交材料"按钮，再在弹出的窗口中选择"进口报检"业务，并提交海运提单、商业发票、装箱单、卫生证书、代理报检委托书等单据，如图 13-3 和图 13-4 所示。

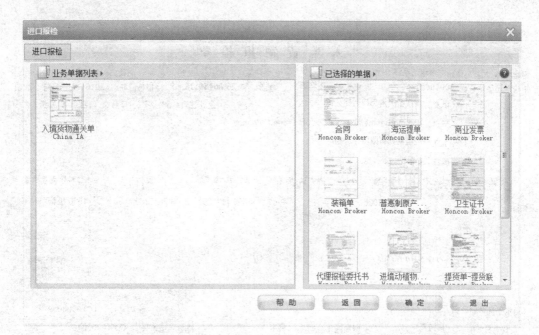

图 13-3　"进口报检"业务需提交的单据

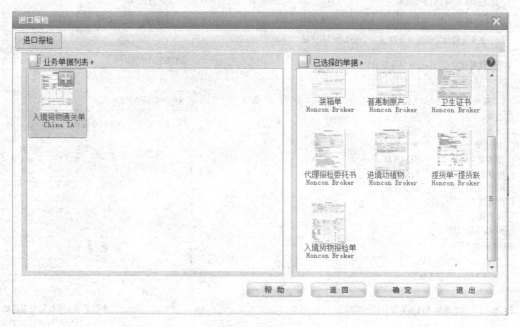

图 13-4　"进口报检"业务需提交的单据

　　入境货物报检单（见图 13-5）等单据提交成功后，进口报检流程至此结束。等待一段时间后，报检行将收到检验机构签发的入境货物通关单等相关单证。

入 境 货 物 报 检 单

报检单位（加盖公章）：南京宏康报检行　　　　　　　　　　　　　　　　编号：330120212000316

报检单位登记号：3005600110　　　联系人：王弈鸣　　电话：86-25-86456118　　报检日期：2016 年 9 月 2 日

收货人	（中文）南京弘泰进出口贸易公司		企业性质（划"√"）	□合资 □合作 □外资
	（英文）Nanjing Hontay Import & Export Trade Company			
发货人	（中文）克里斯托有限责任公司			
	（英文）Crystal Co., Ltd.			

货物名称（中／外文）	H.S.编码	原产国（地区）	数／重量	货物总值	包装种类及数量
冷冻带鱼 Frozen Ribbon Fish	0303891000	南非	1500 箱（120）	美元 126000.00	1500 纸箱

运输工具名称号码	JJ SKY 1233N			合同号	CT0000059
贸易方式	一般贸易	贸易国别（地区）	南非	提单／运单号	COBL0000046
到货日期	2015-07-16	启运国家（地区）	南非	许可证／审批号	***
卸货日期	2015-07-16	启运口岸	开普敦	入境口岸	上海
索赔有效期至	0	经停口岸		目的地	上海
集装箱规格、数量及号码	海运20尺冷藏*1(BJYU0010174)				
合同、信用证订立的检验检疫条款或特殊要求			货物存放地点		
			用 途		

随附单据（划"√"或补填）		标 记 及 号 码	*外商投资资产（划"√"）	□是 □否
☑合同	□到货通知	N/M	*检验检疫费	
☑发票	☑装箱单			
☑提/运单	□质保书		总金额 （人民币元）	
□兽医卫生证书	□理货清单			
□植物检疫证书	□磅码单			
□动物检疫证书	□验收报告		计费人	
☑卫生证书				
☑原产地证			收费人	
☑许可/审批文件				

报检人郑重声明：	领 取 证 单	
1. 本人被授权报检。	日期	
2. 上列填写内容正确属实。		
签名：王弈鸣	签名	

注：有"*"号栏由出入境检验检疫机关填写　　　　　　　　　　　◆国家出入境检验检疫局制

[1-2 （2000.1.1）]

图 13-5　入境货物报检单

实验项目 14　出口报检练习——食品用具

一、实验要求

请完成出口报检练习。

（1）以出口报检行角色登录，完成电子报检的录入、申报等操作。

（2）向检验机构递交相关材料，完成出口报检，并取得相关证书。

二、操作步骤

（一）电子报检

主要操作步骤包括：报检录入、发送单证、接收回执、打印单证。

1. 报检录入

（1）以出口报检行角色登录，点击界面上方菜单中的"电子申报"，进入电子申报系统。

（2）在界面左边的"质检业务"菜单中选择"出境货物报检"，然后点击界面上方菜单中的"新建单证"。

（3）在弹出的界面中逐项录入基本信息（见图 14-1）和货物信息（见图 14-2），填写过程中可随时检查，填写完成后及时保存。

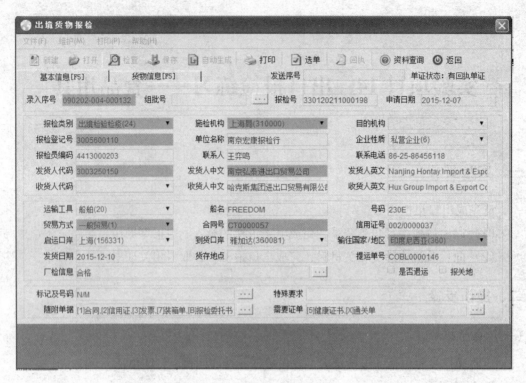

图 14-1 "基本信息"界面

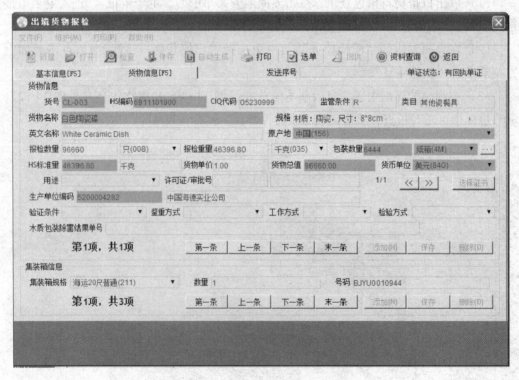

图 14-2 "货物信息"界面

2. 发送单证

（1）信息录入完成后关闭窗口，回到所有单证列表，选中该笔单证，并点击界面上方菜单中的"选择单证"。此时，该笔单证的状态自动变为"待发送单证"。

（2）再选中该笔单证，点击界面上方"发送/接收"按钮下的"发送业务单证"，随后出现数据传输界面，该笔单证被发送到检验检疫机构平台。此时，该笔单证的状态自动变为"无回执单证"。

3. 接收回执

仍在所在单证列表中，选中该笔单证，点击上方"发送/接收"按钮下的"接收回执信息"，随后出现数据传输界面，成功接收回执。此时可能收到的回执分两种情况：

（1）如果录入的信息成功通过机构审核，报检行将收到两条回执，提示报检成功。

（2）如果录入的信息有误，机构审核未通过，报检行将会收到一条错误信息回执。此时，录入人员需根据回执内容，重新打开单证进行修改，然后再次"发送业务单证"并再次"接收回执信息"，直到收到报检成功的回执为止。

4. 打印单证

报检成功后，再次选中该笔单证，并点击界面上方菜单中的"打印单证"，弹出单证预览图后，再点击界面上方的"打印"按钮。打印成功后，即可到业务单证中查看已生成的出境货物报检单。

电子报检部分至此结束。

（二）递交材料

电子报检成功后，退出电子报检系统，回到出口报检行界面。点击界面上方菜单中的"流程图"，在流程图上点击"递交材料"按钮，再在弹出的窗口中选择"出口报检"业务，并提交信用证、商业发票、装箱单等单据，如图14-3所示。

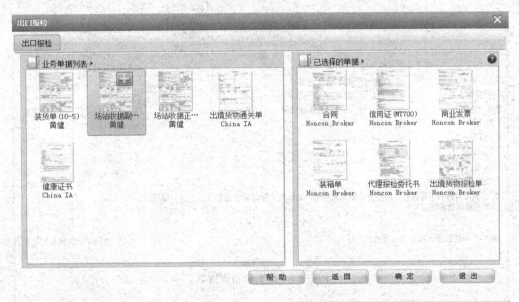

图14-3 "出口报检"业务需提交的单据

出境货物报检单（见图14-4）等单据提交成功后，出口报检流程至此结束。等待一段时间后，报检行将收到检验机构签发的出境货物通关单、检验证书等相关单证。

出 境 货 物 报 检 单

报检单位（加盖公章）：南京宏康报检行　　　　　　　　　　编号：330120211000198

报检单位登记号：3005600110　　联系人：王弈鸣　电话：86-25-86456118　报检日期：2015 年 12 月 7 日

发货人	（中文）南京弘泰进出口贸易公司
	（英文）Nanjing Hontay Import & Export Trade Company
收货人	（中文）哈克斯集团进出口贸易有限公司
	（英文）Hux Group Import & Export Co., Ltd.

货物名称（中/外文）	H.S.编码	产地	数/重量	货物总值	包装种类及数量
白色陶瓷碟 White Ceramic Dish	6911101900	中国	96660 只	美元 96660.00	6444 纸箱

运输工具名称号码	FREEDOM 230E		贸易方式	一般贸易	货物存放地点	
合同号	CT0000057		信用证号	002/0000037	用途	
发货日期	2015-12-10		输往国家（地区）	印度尼西亚	许可证／审批号	
启运地	上海		到达口岸	雅加达	生产单位注册号	5200004282

集装箱规格、数量及号码	海运20尺普通*1(BJYU0010944);海运20尺普通*1(BJYU0020025);海运20尺普通*1(BJYU0030284)

合同、信用证订立的检验检疫条款或特殊要求	标 记 及 号 码	随附单据（划"√"或补填）	
	N/M	☑合同	☐包装性能结果单
		☑信用证	☐许可/审批文件
		☑发票	
		☐换证凭单	
		☑装箱单	
		☐厂检单	

需要证单名称（划"√"或补填）					*检验检疫费	
☐品质证书	正	副	☐植物检疫证书	正 副	总金额（人民币元）	
☐数量/重量证书	正	副	☐熏蒸/消毒证书	正 副		
☐兽医卫生证书	正	副	☐出境货物换证凭单	正 副		
☑健康证书	1正 2副				计费人	
☐卫生证书	正	副				
☐动物卫生证书	正	副			收费人	

报检人郑重声明：		领 取 证 单	
1. 本人被授权报检。 2. 上列填写内容正确属实，货物无伪造或冒用他人的厂名、标志、认证标志，并承担货物质量责任。 签名：王弈鸣		日期	
		签名	

注：有"＊"号栏由出入境检验检疫机关填写　　　　　　◆国家出入境检验检疫局制

「1-2（2000.1.1）」

图 14-4　出境货物报检单

实验项目 15 进口报检练习——乳制品

一、实验要求

请完成进口报检练习。

（1）以进口报检行角色登录，完成电子报检的录入、申报等操作。

（2）向检验机构递交相关材料，完成进口报检，取得相关证书。

二、操作步骤

（一）电子报检

主要操作步骤包括：报检录入、发送单证、接收回执、打印单证。

1. 报检录入

（1）以进口报检行角色登录，点击界面上方菜单中的"电子申报"，进入电子申报系统。

（2）在界面左边的"质检业务"菜单中选择"入境货物报检"，然后点击界面上方菜单中的"新建单证"。

（3）在弹出的界面中逐项录入基本信息（见图 15-1）和货物信息（见图 15-2），填写过程中可随时检查，填写完成后及时保存。

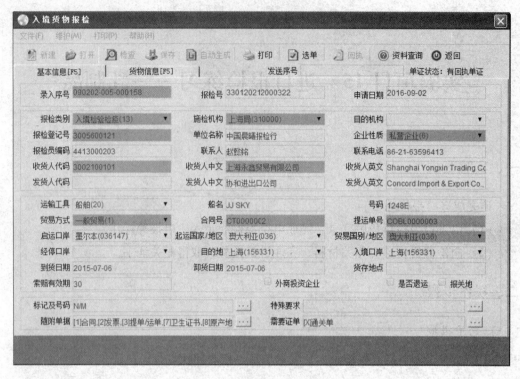

图 15-1 "基本信息"界面

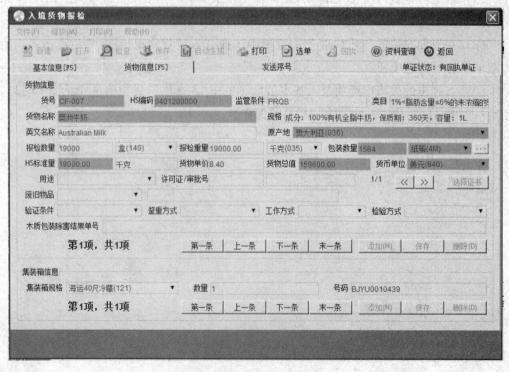

图 15-2 "货物信息"界面

2. 发送单证

（1）信息录入完成后关闭窗口，回到所有单证列表，选中该笔单证，并点击界面上方菜单中的"选择单证"。此时，该笔单证的状态自动变为"待发送单证"。

（2）再选中该笔单证，点击界面上方"发送/接收"按钮下的"发送业务单证"，随后出现数据传输界面，该笔单证被发送到检验检疫机构平台。此时，该笔单证的状态自动变为"无回执单证"。

3. 接收回执

仍在所在单证列表中，选中该笔单证，点击上方"发送/接收"按钮下的"接收回执信息"，随后出现数据传输界面，成功接收回执。此时可能收到的回执分两种情况：

（1）如果录入的信息成功通过机构审核，报检行将收到两条回执，提示报检成功。

（2）如果录入的信息有误，机构审核未通过，报检行将会收到一条错误信息回执。此时，录入人员需根据回执内容，重新打开单证进行修改，然后再次"发送业务单证"并再次"接收回执信息"，直到收到报检成功的回执为止。

4. 打印单证

报检成功后，再次选中该笔单证，点击界面上方菜单中的"打印单证"，弹出单证预览图后，再点击界面上方的"打印"按钮。打印成功后，即可到业务单证中查看已生成的入境货物报检单。

电子报检部分至此结束。

（二）递交材料

电子报检成功后，退出电子报检系统，回到进口报检行界面。点击界面上方菜单中的"流程图"，在流程图上点击"递交材料"按钮，再在弹出的窗口中选择"进口报检"业务，并提交海运提单、商业发票、装箱单等单据，如图15-3所示。

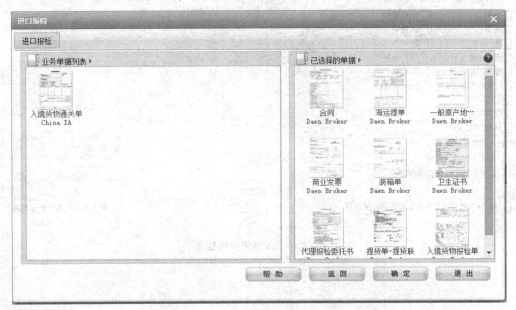

图15-3 "进口报检"业务需提交的单据

入境货物报检单（见图 15-4）等单据提交成功后，进口报检流程至此结束。等待一段时间后，报检行将收到检验机构签发的入境货物通关单等相关单证。

入 境 货 物 报 检 单

报检单位(加盖公章)：中国晨曦报检行						编号：330120212000322	
报检单位登记号：3005600121		联系人：赵懿铭	电话：86-21-63596413			报检日期：2016 年 9 月 2 日	

收货人	(中文) 上海永鑫贸易有限公司			企业性质(划"√")		□合资 □合作 □外资	
	(英文) Shanghai Yongxin Trading Co., Ltd.						
发货人	(中文) 协和进出口公司						
	(英文) Concord Import & Export Co., Ltd.						

货物名称(中/外文)	H.S.编码	原产国(地区)	数/重量	货物总值	包装种类及数量
澳洲牛奶 Australian Milk	0401200000	澳大利亚	19000盒(140)	美元 159600.00	1584 纸箱

运输工具名称号码	JJ SKY 1248E			合同号	CT0000002
贸易方式	一般贸易	贸易国别(地区)	澳大利亚	提单/运单号	COBL0000003
到货日期	2015-07-06	启运国家(地区)	澳大利亚	许可证/审批号	***
卸货日期	2015-07-06	启运口岸	墨尔本	入境口岸	上海
索赔有效期至	30	经停口岸		目的地	上海
集装箱规格、数量及号码	海运40尺冷藏*1(BJYU0010439)				
合同、信用证订立的检验检疫条款或特殊要求				货物存放地点	
				用 途	

随附单据(划"√"或补填)		标 记 及 号 码	*外商投资资产(划"√")		□是□否
√合同	□到货通知	N/M		*检验检疫费	
√发票	√装箱单				
√提/运单	□质保书		总金额		
□兽医卫生证书	□理货清单		(人民币元)		
□植物检疫证书	□磅码单				
□动物检疫证书	□验收报告		计费人		
√卫生证书					
√原产地证			收费人		
□许可/审批文件					

报检人郑重声明：		领 取 证 单	
1. 本人被授权报检。		日 期	
2. 上列填写内容正确属实。			
签名：赵懿铭		签 名	

注：有"*"号栏由出入境检验检疫机关填写

◆国家出入境检验检疫局制

[1-2 (2000.1.1)]

图 15-4 入境货物报检单

实验项目 16 制单——进口旧机电产品备案申请书

一、实验要求

请根据形式发票（见图 16-1）制作进口旧机电产品备案申请书。

ISSUER	
Crystal Co., Ltd. No.20 Spring street Johannesburg, South Africa	**形式发票** **PROFORMA INVOICE**
TO Qingdao Miler Trading Co., Ltd. No.118 HongKong Middle Road, Futai Square, Qingdao, China	

TRANSPORT DETAILS	NO.	DATE
From Capetown,South Africa to Shanghai,China, Ready shipment By sea	IV0000074	2015-07-20
	S/C NO. CT0000089	S/C DATE 2015-07-20

TERMS OF PAYMENT

100 % by T/T in advance

Product No.	Description of goods	Quantity	Unit Price	Amount
			FOB ▾ Capetown,South Africa ▾	
AS-003	Egg Hatching Machine Hatching Rate: more than 98%, Temperature Measuring Range: 0~99°C, Service Voltage: 220v/50hz	80 SETS	USD 680.00	USD 54400.00
	Total: [80] [SETS]		[USD]	[54400.00]

SAY TOTAL: SAY USD FIFTY FOUR THOUSAND FOUR HUNDRED ONLY

MARKS AND NUMBERS:

N/M

Crystal Co., Ltd.

Tom

图 16-1 形式发票

二、制单情况

根据形式发票制作的进口旧机电产品备案申请书如图 16-2 所示。

进口旧机电产品备案申请书

申请号： MI0000001

申请人名称及地址	青岛米乐贸易有限公司 中国青岛市香港中路118号福泰广场				
联系人姓名	林聪健	电话	86-532-84214578	传真	0532-84214579
收货人名称及地址	青岛米乐贸易有限公司 中国青岛市香港中路118号福泰广场				
发货人名称及地址	克里斯托有限责任公司 南非约翰内斯堡春天大街20号				
备案产品名称、型号	孵蛋器 孵蛋率：98%以上，恒温范围：0~99°C，使用电压：220v/50hz;				
备案产品数量	80　　　　　台		备案产品金额	USD ▾　54400.00	
备案产品产地	南非		备案产品制造日期	2015-09-02	
备案产品的用途	☐企业自用　　☑市场销售　　☐其他				

根据《进口旧机电产品检验监督管理办法》的有关规定，特就上述拟进口的旧机电产品申请备案，随附单证（共6　　页）

☑申请人营业执照（复印件）　　　　　　　　☑收货人营业执照（复印件）

☑发货人营业执照（复印件）　　　　　　　　☑合同（协议）

☐国家允许进口证明文件（复印件）　　　　　☐装运前预检验申请书

☑拟进口旧机电产品清单（包括：名称、编码、数量、规格型号、产地、制造日期、制造商、新旧状态、价格、用途）

☐其他资料

申请人（单位）郑重声明：

　　上述填写内容及随附单证正确属实，如申请备案产品须实施装运前预检验，本人（单位）将遵照《进口旧机电产品检验监督管理办法》有关规定执行，并提供必要的检验条件。

申请人（单位章）： 青岛米乐贸易有限公司　　　　　　　　　　　代 表 人： 林聪健

申请日期： 2016 年 9 月 2 日

图 16-2 进口旧机电产品备案申请书

实验项目 17　进口电池产品备案练习

一、实验要求

请以进口商角色登录，填制进出口电池产品备案申请表，并向检验机构申请办理进口电池产品备案。

二、操作步骤

（1）进入【业务详情】页面。

（2）添加进出口电池产品备案申请表并进行填写（填写完成后点击左边的"！"号进行检查，如果单据标题处显示绿色的"√"，说明填写通过，可以使用）。

（3）进入"检验机构"：

方法1：进入【业务流程】页面，点击"进口许可证件"，进入检验机构界面，再点击"进口电池备案"按钮。

方法2：进入【业务办理】页面，点击"检验机构"建筑，进入报检大厅，再点击"登记备案"柜台，选择"进口电池备案"业务。

（4）选择并提交进出口电池产品备案申请表（见图17-1）、企业法人营业执照，完成进口电池备案的申请。

进出口电池产品备案申请表

编号：DC0000027

申请人	名称	昆明华丰贸易有限公司				
	地址	中国昆明市滇池路白鹭大厦				
	法人代表	王英		联系人	王英	
	电话	86-871-3165618		传真	0871-3165617	邮政编码	650031
	营业执照编号					
制造商	名称	韩国制造发展有限公司				
	地址	济州市日盛路1号				
	法人代表	韩培源		联系人	韩培源	
	电话	0082-712		传真	0082-812	邮政编码	110-352
	营业执照编号					
备案产品	名称	蓄电池				
	品牌	无				
	型号规格	型号：6V-12AH，参数：12AH，尺寸：151*50*99mm				
	HS编码	8507200000				
	含汞量	不含汞				
	产地	韩国				

随附单据 （划"√"）	申请人郑重声明：
☑申请人营业执照	1. 本人被授权申请备案
☐授权委托书	2. 上列填写内容及随附单据正确属实
☐制造商营业执照（复印件）	
☐制造商声明	
☐产品描述	
备注：	签名： 王英

以上由申请人填写, 以下由检测实验室、检验检疫机构填写

电池种类审核： ☐含汞 ☐不含汞	检验检疫机构意见：
电池含汞量检测结果：	
检测合格确认书编号：	
检测实验室：	备案书编号：
（审核部门）	（签、章）
年 月 日	年 月 日

图 17-1 进出口电池产品备案申请表

实验项目 18 出口报检练习——灯具

一、实验要求

请完成出口报检练习。

（1）以出口报检行角色登录，完成电子报检的录入、申报等操作。

（2）向检验机构递交相关材料，完成出口报检，并取得相关证书。

二、操作步骤

（一）电子报检

主要操作步骤包括：报检录入、发送单证、接收回执、打印单证。

1. 报检录入

（1）以出口报检行角色登录，点击界面上方菜单中的"电子申报"，进入电子申报系统。

（2）在界面左边的"质检业务"菜单中选择"出境货物报检"，然后点击界面上方菜单中的"新建单证"。

（3）在弹出的界面中逐项录入基本信息（见图 18-1）和货物信息（见图 18-2），填写过程中可随时检查，填写完成后及时保存。

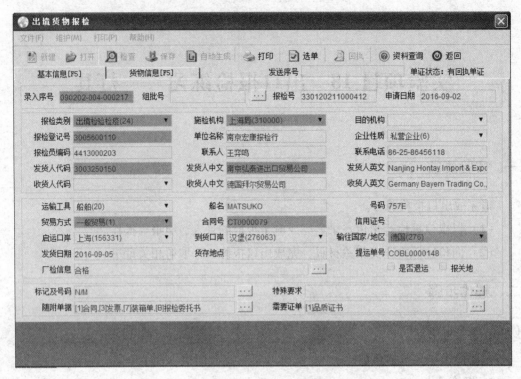

图 18-1 "基本信息"界面

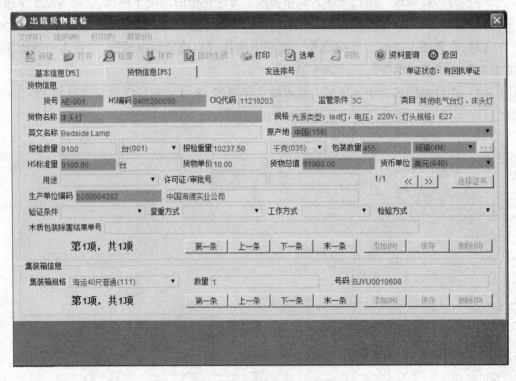

图 18-2 "货物信息"界面

2. 发送单证

（1）信息录入完成后关闭窗口，回到所有单证列表，选中该笔单证，并点击界面上方菜单中的"选择单证"。此时，该笔单证的状态自动变为"待发送单证"。

（2）再选中该笔单证，点击界面上方"发送/接收"按钮下的"发送业务单证"，随后出现数据传输界面，该笔单证被发送到检验检疫机构平台。此时，该笔单证的状态自动变为"无回执单证"。

3. 接收回执

仍在所在单证列表中，选中该笔单证，点击上方"发送/接收"按钮下的"接收回执信息"，随后出现数据传输界面，成功接收回执。此时可能收到的回执分两种情况：

（1）如果录入的信息成功通过机构审核，报检行将收到两条回执，提示报检成功。

（2）如果录入的信息有误，机构审核未通过，报检行将会收到一条错误信息回执。此时，录入人员需根据回执内容，重新打开单证进行修改，然后再次"发送业务单证"并再次"接收回执信息"，直到收到报检成功的回执为止。

4. 打印单证

报检成功后，再次选中该笔单证，并点击界面上方菜单中的"打印单证"，弹出单证预览图后，再点击界面上方的"打印"按钮。打印成功后，即可到业务单证中查看已生成的出境货物报检单。

电子报检部分至此结束。

（二）递交材料

电子报检成功后，退出电子报检系统，回到出口报检行界面。点击界面上方菜单中的"流程图"，在流程图上点击"递交材料"按钮，再在弹出的窗口中选择"出口报检"业务，并提交商业发票、装箱单、代理报检委托书等单据，如图 18-3 所示。

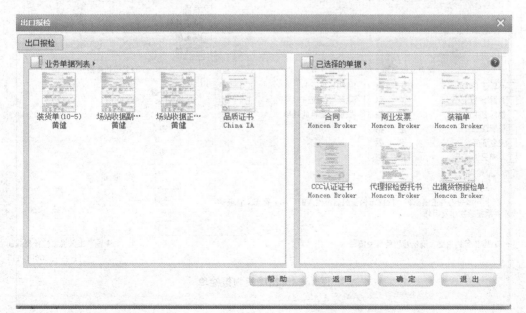

图 18-3　"出口报检"业务需提交的单据

出境货物报检单（见图18-4）等单据提交成功后，出口报检流程至此结束。等待一段时间后，报检行将收到检验机构签发的出境货物通关单、检验证书等相关单证。

出 境 货 物 报 检 单

报检单位（加盖公章）：南京宏康报检行　　　　　　　　　　　　　编号：330120211000412

报检单位登记号：3005600110　　联系人：王弈鸣　电话：86-25-86456118　报检日期：2016 年 9 月 2 日

发货人	（中文）南京弘泰进出口贸易公司
	（英文）Nanjing Hontay Import & Export Trade Company
收货人	（中文）德国拜尔贸易公司
	（英文）Germany Bayern Trading Co., Ltd.

货物名称(中/外文)	H.S.编码	产地	数/重量	货物总值	包装种类及数量
床头灯 Bedside Lamp	9405200090	中国	9100 台 10237.50千克(035)	美元 91000.00	455 纸箱

运输工具名称号码	MATSUKO 757E	贸易方式	一般贸易	货物存放地点	
合同号	CT0000079	信用证号		用途	
发货日期	2016-09-05	输往国家(地区)	德国	许可证／审批号	
启运地	上海	到达口岸	汉堡	生产单位注册号	5200004282
集装箱规格、数量及号码	海运40尺普通*1(BJYU0010608)				

合同、信用证订立的检验检疫条款或特殊要求	标记及号码	随附单据（划"√"或补填）	
	N/M	☑合同	☐包装性能结果单
		☐信用证	☐许可/审批文件
		☑发票	
		☐换证凭单	
		☑装箱单	
		☐厂检单	

需要证单名称（划"√"或补填）		*检验检疫费	
☑品质证书　　　1 正 2 副	☐植物检疫证书　　　正　　副	总金额 （人民币元）	
☐数量/重量证书　　正　副	☐熏蒸/消毒证书　　　正　　副		
☐兽医卫生证书　　　正　副	☐出境货物换证凭单　正　　副	计费人	
☐健康证书　　　　　正　副		收费人	
☐卫生证书　　　　　正　副			
☐动物卫生证书　　　正　副			

报检人郑重声明：	领 取 证 单	
1. 本人被授权报检。		
2. 上列填写内容正确属实，货物无伪造或冒用他人的厂名、标志、认证标志，并承担货物质量责任。	日期	
签名：王弈鸣	签名	

注：有"*"号栏由出入境检验检疫机关填写　　　　　　　　　◆国家出入境检验检疫局制

[1-2（2000.1.1）]

图 18-4　出境货物报检单

实验项目 19　出口报检练习——
小家电（强制性认证）

一、实验要求

请完成出口报检练习。

（1）以出口报检行角色登录，完成电子报检的录入、申报等操作。

（2）向检验机构递交相关材料，完成出口报检，并取得相关证书。

二、操作步骤

（一）电子报检

主要操作步骤包括：报检录入、发送单证、接收回执、打印单证。

1. 报检录入

（1）以出口报检行角色登录，点击界面上方菜单中的"电子申报"，进入电子申报系统。

（2）在界面左边的"质检业务"菜单中选择"出境货物报检"，然后点击界面上方菜单中的"新建单证"。

（3）在弹出的界面中逐项录入基本信息（见图 19-1）和货物信息（见图 19-2），填写过程中可随时检查，填写完成后及时保存。

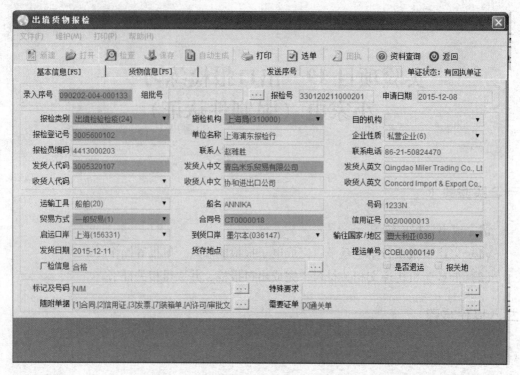

图 19-1 "基本信息"界面

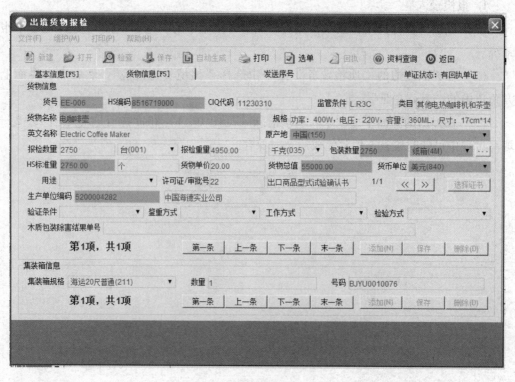

图 19-2 "货物信息"界面

2. 发送单证

（1）信息录入完成后关闭窗口，回到所有单证列表，选中该笔单证，并点击界面上方菜单中的"选择单证"。此时，该笔单证的状态自动变为"待发送单证"。

（2）再选中该笔单证，点击界面上方"发送/接收"按钮下的"发送业务单证"，随后出现数据传输界面，该笔单证被发送到检验检疫机构平台。此时，该笔单证的状态自动变为"无回执单证"。

3. 接收回执

仍在所在单证列表中，选中该笔单证，点击上方"发送/接收"按钮下的"接收回执信息"，随后出现数据传输界面，成功接收回执。此时可能收到的回执分两种情况：

（1）如果录入的信息成功通过机构审核，报检行将收到两条回执，提示报检成功。

（2）如果录入的信息有误，机构审核未通过，报检行将会收到一条错误信息回执。此时，录入人员需根据回执内容，重新打开单证进行修改，然后再次"发送业务单证"并再次"接收回执信息"，直到收到报检成功的回执为止。

4. 打印单证

报检成功后，再次选中该笔单证，并点击界面上方菜单中的"打印单证"，弹出单证预览图后，再点击界面上方的"打印"按钮。打印成功后，即可到业务单证中查看已生成的出境货物报检单。

电子报检部分至此结束。

（二）递交材料

电子报检成功后，退出电子报检系统，回到出口报检行界面。点击界面上方菜单中的"流程图"，在流程图上点击"递交材料"按钮，再在弹出的窗口中选择"出口报检"业务，并提交信用证、商业发票、装箱单等单据，如图 19-3 所示。

图 19-3　"出口报检"业务需提交的单据

出境货物报检单（见图19-4）等单据提交成功后，出口报检流程至此结束。等待一段时间后，报检行将收到检验机构签发的出境货物通关单、检验证书等相关单证。

出 境 货 物 报 检 单

报检单位（加盖公章）：上海浦东报检行　　　　　　　　　　编号：330120211000201

报检单位登记号：3005600102　　联系人：赵雅胜　电话：86-21-50824470　报检日期：2015 年 12 月 8 日

发货人	（中文）青岛米乐贸易有限公司
	（英文）Qingdao Miler Trading Co., Ltd.
收货人	（中文）协和进出口公司
	（英文）Concord Import & Export Co., Ltd.

货物名称(中/外文)	H.S.编码	产地	数/重量	货物总值	包装种类及数量
电咖啡壶 Electric Coffee Maker	8516719000	中国	2750 台	美元 55000.00	2750 纸箱

运输工具名称号码	ANNIKA 1233N	贸易方式	一般贸易	货物存放地点	
合同号	CT0000018	信用证号	002/0000013	用途	
发货日期	2015-12-11	输往国家(地区)	澳大利亚	许可证/审批号	
启运地	上海	到达口岸	墨尔本	生产单位注册号	5200004282
集装箱规格、数量及号码	海运20尺普通*1(BJYU0010076)				

合同、信用证订立的检验检疫条款或特殊要求	标记及号码	随附单据（划"√"或补填）
	N/M	☑合同　　☐包装性能结果单 ☑信用证　☑许可/审批文件 ☑发票 ☐换证凭单 ☑装箱单 ☐厂检单

需要证单名称（划"√"或补填）

☐品质证书　正_副　☐植物检疫证书　正_副
☐数量/重量证书　正_副　☐熏蒸/消毒证书　正_副
☐兽医卫生证书　正_副　☐出境货物换证凭单　正_副
☐健康证书　正_副
☐卫生证书　正_副
☐动物卫生证书　正_副

*检验检疫费　总金额（人民币元）　计费人　收费人

报检人郑重声明：
1. 本人被授权报检。
2. 上列填写内容正确属实，货物无伪造或冒用他人的厂名、标志、认证标志，并承担货物质量责任。
签名：赵雅胜

领取证单　日期　签名

注：有"*"号栏由出入境检验检疫机关填写　◆国家出入境检验检疫局制
[1-2 (2000.1.1)]

图 19-4　出境货物报检单

实验项目 20 进口报检练习——电池

一、实验要求

请完成进口报检练习。

（1）以进口报检行角色登录，完成电子报检的录入、申报等操作。

（2）向检验机构递交相关材料，完成进口报检，并取得相关证书。

二、操作步骤

（一）电子报检

主要操作步骤包括：报检录入、发送单证、接收回执、打印单证。

1. 报检录入

（1）以进口报检行角色登录，点击界面上方菜单中的"电子申报"，进入电子申报系统。

（2）在界面左边的"质检业务"菜单中选择"入境货物报检"，然后点击界面上方菜单中的"新建单证"。

（3）在弹出的界面中逐项录入基本信息（见图 20-1）和货物信息（见图 20-2），填写过程中可随时检查，填写完成后及时保存。

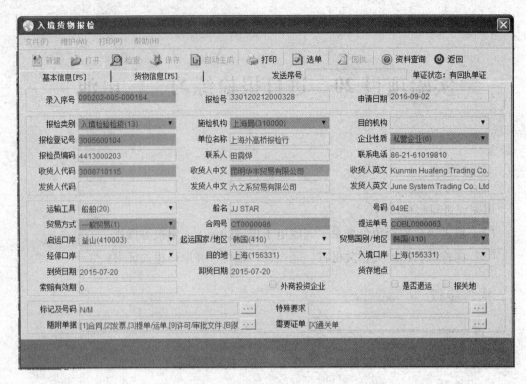

图20-1 "基本信息"界面

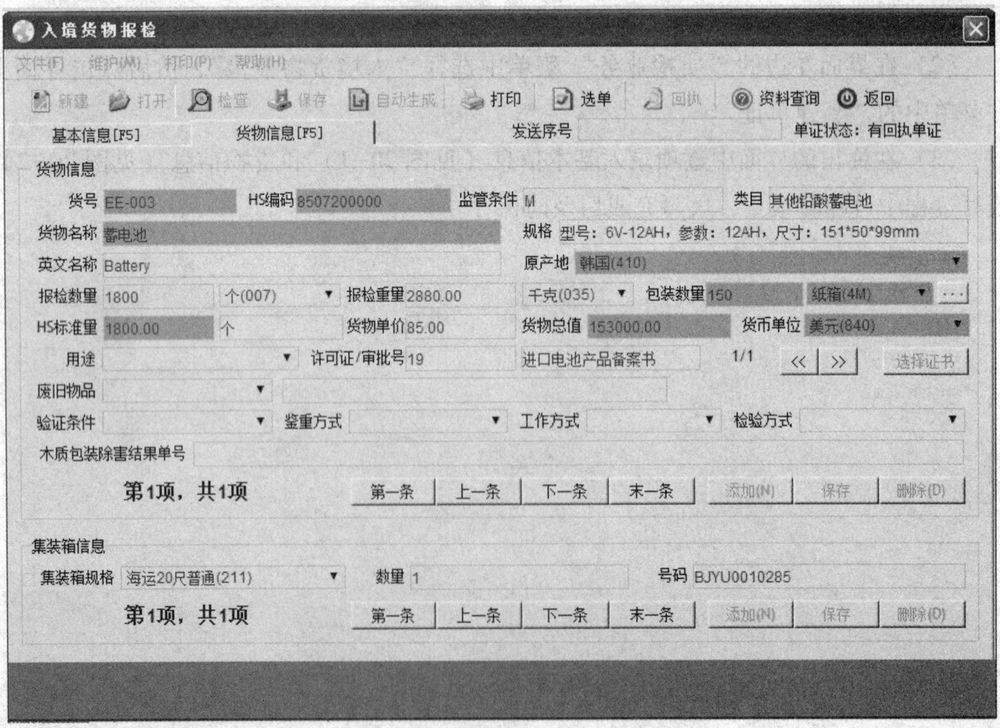

图20-2 "货物信息"界面

2. 发送单证

（1）信息录入完成后关闭窗口，回到所有单证列表，选中该笔单证，并点击界面上方菜单中的"选择单证"。此时，该笔单证的状态自动变为"待发送单证"。

（2）再选中该笔单证，点击界面上方"发送/接收"按钮下的"发送业务单证"，随后出现数据传输界面，该笔单证被发送到检验检疫机构平台。此时，该笔单证的状态自动变为"无回执单证"。

3. 接收回执

仍在所在单证列表中，选中该笔单证，点击上方"发送/接收"按钮下的"接收回执信息"，随后出现数据传输界面，成功接收回执。此时可能收到的回执分两种情况：

（1）如果录入的信息成功通过机构审核，报检行将收到两条回执，提示报检成功。

（2）如果录入的信息有误，机构审核未通过，报检行将会收到一条错误信息回执。此时，录入人员需根据回执内容，重新打开单证进行修改，然后再次"发送业务单证"并再次"接收回执信息"，直到收到报检成功的回执为止。

4. 打印单证

报检成功后，再次选中该笔单证，点击界面上方菜单中的"打印单证"，弹出单证预览图后，再点击界面上方的"打印"按钮。打印成功后，即可到业务单证中查看已生成的入境货物报检单。

电子报检部分至此结束。

（二）递交材料

电子报检成功后，退出电子报检系统，回到进口报检行界面。点击界面上方菜单中的"流程图"，在流程图上点击"递交材料"按钮，再在弹出的窗口中选择"进口报检"业务，并提交海运提单、商业发票、装箱单等单据，如图20-3所示。

图20-3　"进口报检"业务需提交的单据

入境货物报检单（见图20-4）等单据提交成功后，进口报检流程至此结束。等待一段时间后，报检行将收到检验机构签发的入境货物通关单等相关单证。

入 境 货 物 报 检 单

报检单位（加盖公章）： 上海外高桥报检行 　　　　　　　　　　　编号：330120212000328
报检单位登记号： 3005600104　　　　联系人：田震烨　　电话：86-21-61019810　　报检日期： 2016 年 9 月 2 日

收货人	（中文）昆明华丰贸易有限公司		企业性质（划"√"）	□合资 □合作 □外资
	（英文）Kunmin Huafeng Trading Co., Ltd.			
发货人	（中文）六之系贸易有限公司			
	（英文）June System Trading Co., Ltd.			

货物名称(中/外文)	H.S.编码	原产国(地区)	数/重量	货物总值	包装种类及数量
蓄电池 Battery	8507200000	韩国	1800个 (007)	美元 153000.00	150 纸箱

运输工具名称号码	JJ STAR 049E			合同号	CT0000086
贸易方式	一般贸易	贸易国别(地区)	韩国	提单／运单号	COBL0000063
到货日期	2015-07-20	启运国家(地区)	韩国	许可证／审批号	***
卸货日期	2015-07-20	启运口岸	釜山	入境口岸	上海
索赔有效期至	0	经停口岸		目的地	上海
集装箱规格、数量及号码	海运20尺普通*1(BJYU0010285)				
合同、信用证订立的检验检疫条款或特殊要求			货物存放地点		
			用 途		

随附单据（划"√"或补填）		标 记 及 号 码	*外商投资资产（划"√"）	□是□否
☑合同	□到货通知	N/M	*检验检疫费	
☑发票	☑装箱单			
☑提/运单	□质保书		总金额	
□兽医卫生证书	□理货清单		（人民币元）	
□植物检疫证书	□磅码单			
□动物检疫证书	□验收报告		计费人	
□卫生证书				
□原产地证			收费人	
☑许可/审批文件				

报检人郑重声明：	领 取 证 单	
1. 本人被授权报检。	日期	
2. 上列填写内容正确属实。		
签名：田震烨	签名	

注：有"*"号栏目由出入境检验检疫机关填写　　　　　　　　　　◆国家出入境检验检疫局制
[1-2 (2000.1.1)]

图 20-4　入境货物报检单

实验项目 21　进口报检练习——医疗仪器

一、实验要求

请完成进口报检练习。

（1）以进口报检行角色登录，完成电子报检的录入、申报等操作。

（2）向检验机构递交相关材料，完成进口报检，并取得相关证书。

二、操作步骤

（一）电子报检

主要操作步骤包括：报检录入、发送单证、接收回执、打印单证。

1. 报检录入

（1）以进口报检行角色登录，点击界面上方菜单中的"电子申报"，进入电子申报系统。

（2）在界面左边的"质检业务"菜单中选择"入境货物报检"，然后点击界面上方菜单中的"新建单证"。

（3）在弹出的界面中逐项录入基本信息（见图 21-1）和货物信息（见图 21-2），填写过程中可随时检查，填写完成后及时保存。

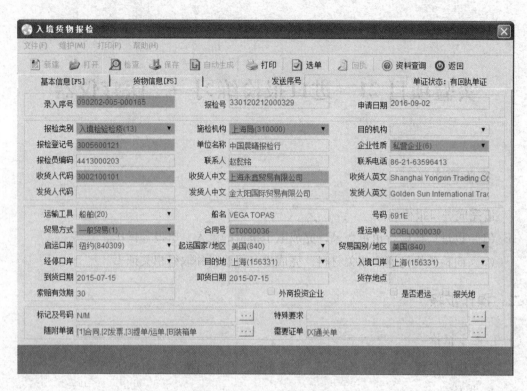

图 21-1 "基本信息"界面

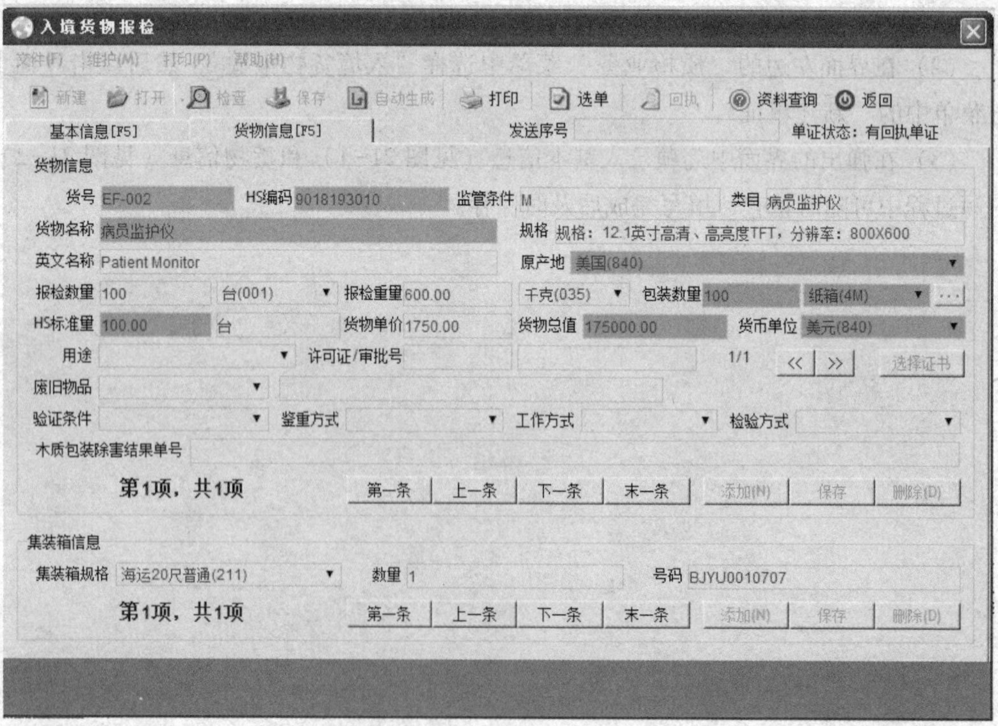

图 21-2 "货物信息"界面

2. 发送单证

(1) 信息录入完成后关闭窗口，回到所有单证列表，选中该笔单证，并点击界面上方菜单中的"选择单证"。此时，该笔单证的状态自动变为"待发送单证"。

(2) 再选中该笔单证，点击界面上方"发送/接收"按钮下的"发送业务单证"，随后出现数据传输界面，该笔单证被发送到检验检疫机构平台。此时，该笔单证的状态自动变为"无回执单证"。

3. 接收回执

仍在所在单证列表中，选中该笔单证，点击上方"发送/接收"按钮下的"接收回执信息"，随后出现数据传输界面，成功接收回执。此时可能收到的回执分两种情况：

(1) 如果录入的信息成功通过机构审核，报检行将收到两条回执，提示报检成功。

(2) 如果录入的信息有误，机构审核未通过，报检行将会收到一条错误信息回执。此时，录入人员需根据回执内容，重新打开单证进行修改，然后再次"发送业务单证"并再次"接收回执信息"，直到收到报检成功的回执为止。

4. 打印单证

报检成功后，再次选中该笔单证，点击界面上方菜单中的"打印单证"，弹出单证预览图后，再点击界面上方的"打印"按钮。打印成功后，即可到业务单证中查看已生成的入境货物报检单。

电子报检部分至此结束。

（二）递交材料

电子报检成功后，退出电子报检系统，回到进口报检行界面。点击界面上方菜单中的"流程图"，在流程图上点击"递交材料"按钮，再在弹出的窗口中选择"进口报检"业务，并提交海运提单、商业发票、装箱单等单据，如图21-3所示。

图21-3 "进口报检"业务需提交的单据

入境货物报检单（见图21-4）等单据提交成功后，进口报检流程至此结束。等待一段时间后，报检行将收到检验机构签发的入境货物通关单等相关单证。

入 境 货 物 报 检 单

报检单位（加盖公章）：中国晨曦报检行   编号：330120212000329

报检单位登记号：3005600121   联系人：赵懿铭   电话：86-21-63596413   报检日期： 2016 年 9 月 2 日

收货人	（中文）上海永鑫贸易有限公司	企业性质（划"√"）	□合资 □合作 □外资
	（英文）Shanghai Yongxin Trading Co., Ltd.		
发货人	（中文）金太阳国际贸易有限公司		
	（英文）Golden Sun International Trading Co., Ltd.		

货物名称（中/外文）	H.S.编码	原产国（地区）	数/重量	货物总值	包装种类及数量
病员监护仪 Patient Monitor	9018193010	美国	100台(001)	美元 175000.00	100 纸箱

运输工具名称号码	VEGA TOPAS 691E			合同号	CT0000036
贸易方式	一般贸易	贸易国别（地区）	美国	提单／运单号	COBL0000030
到货日期	2015-07-15	启运国家（地区）	美国	许可证／审批号	***
卸货日期	2015-07-15	启运口岸	纽约	入境口岸	上海
索赔有效期至	30	经停口岸		目的地	上海
集装箱规格、数量及号码	海运20尺普通*1(BJYU0010707)				
合同、信用证订立的检验检疫条款或特殊要求			货物存放地点		
			用 途		

随附单据（划"√"或补填）	标 记 及 号 码	*外商投资资产（划"√"）	□是□否
☑合同 □到货通知	N/M	*检验检疫费	
☑发票 ☑装箱单			
☑提/运单 □质保书		总金额（人民币元）	
□兽医卫生证书 □理货清单			
□植物检疫证书 □磅码单		计费人	
□动物检疫证书 □验收报告			
□卫生证书		收费人	
□原产地证			
□许可/审批文件			

报检人郑重声明：
1. 本人被授权报检。
2. 上列填写内容正确属实。

签名：赵懿铭

领 取 证 单	
日期	
签名	

注：有"*"号栏由出入境检验检疫机关填写

◆国家出入境检验检疫局制
[1-2（2000.1.1）]

图 21-4 入境货物报检单